湖北省教育科学规划课题"鄂西'土家音画'园本教材开发与建设研究"（2020GB108）

土家儿歌教程

段红琼　编著

吉林大学出版社
·长春·

图书在版编目（CIP）数据

土家儿歌教程 / 段红琼编著.— 长春：吉林大学出版社，2021.10
ISBN 978-7-5692-9433-0

Ⅰ.①土… Ⅱ.①段… Ⅲ.①土家族—儿歌—中国—学前教育—教材 Ⅳ.①G613.2

中国版本图书馆CIP数据核字（2021）第225082号

书　　名：土家儿歌教程
　　　　　TUJIA ERGE JIAOCHENG

作　　者：段红琼　编著
策划编辑：邵宇彤
责任编辑：田　娜
责任校对：李潇潇
装帧设计：优盛文化
出版发行：吉林大学出版社
社　　址：长春市人民大街4059号
邮政编码：130021
发行电话：0431-89580028/29/21
网　　址：http://www.jlup.com.cn
电子邮箱：jdcbs@jlu.edu.cn
印　　刷：定州启航印刷有限公司
成品尺寸：185mm×260mm　　16开
印　　张：12.25
字　　数：243千字
版　　次：2021年10月第1版
印　　次：2021年10月第1次
书　　号：ISBN 978-7-5692-9433-0
定　　价：58.00元

版权所有　　翻印必究

《土家儿歌教程》编委会成员

向　丽　唐文宪　舒砚耕　吴　珊　沈　戈
谭　巍　洪　宏　周　鑫　孙　进　刘　华
杨　筱　文　璠　姚金雨

前 言

为适应中高等职业教育改革发展的需要，以《幼儿园教育指导纲要》和《幼儿园教师专业标准（试行）》精神为依据，本着创新教师教育理念，全面提高中高职学前教育教学人才培养质量，根据专业特点、学前教育岗位要求、学生应具备的音乐能力与综合艺术素养等，我们编写了这套中高职学前教育土家儿歌音画教材。

本书以"立德树人，全面实施素质教育"为指针，以发展民族音乐，培养民族自信与民族精神，传承土家民族音乐文化为目标，本着"民族性、时代性、综合性"的基本原则，紧密结合本专业学生的音乐能力，力求通过新编"土家儿歌"对土家族音乐、民俗文化进行推广，有目的、有计划地实现民族音乐文化的传承。

本书分两部分，第一部分为新编土家儿歌，共十二章，分别是革命类儿歌、劳动类儿歌、民风类儿歌、劝诫类儿歌、亲情类儿歌、游戏类儿歌、问答类儿歌、动物类儿歌、植物类儿歌、对歌类儿歌、扯谎类儿歌、典故类儿歌。歌曲对现有土家童谣进行了旋律创编，也有少量原生态土家歌谣，在调式上设计了西洋大小调、中国民族调式，在歌词内容上有很多地方语言，在撰写上以线谱、简谱混合的形式进行展现。第二部分为儿歌教学活动设计，根据歌曲的特点，结合奥尔夫音乐教学法、体态律动音乐教学法、柯达伊音乐教学法，对歌曲进行了具体而多元化的教学设计，旨在培养学生的综合音乐能力、教学设计能力、创新思维能力、课程思政能力。在"学与唱"部分，针对每首儿歌中出现的土家元素进行了详细解说，让大家对土家民俗、民史、地方文化有更直观的了解。"歌曲演绎"是核心，对教学活动的主要环节进行了设计，并创编了伴奏谱、伴唱谱、声势谱、律动谱，可以直接运用于课堂教学之中。本书所有插画均为原创作品，画面元素包括土家服饰、吊脚楼、织锦、图腾、劳动形式、婚俗礼仪、传统游戏、其他生活状态等。

本书可用作中等职业院校及高等职业院校学前教育专业教材，可作为一线幼师、中小学音乐教师、对土家音乐感兴趣的音乐工作者、对奥尔夫音乐教学法、达尔克罗兹音乐教学法、柯达伊音乐教学法感兴趣的教育工作者及相关培训机构的教辅资料。

本书在编写过程中，得到了诸多专家、老师的大力支持和帮助，未能一一注明具体的作者姓名，在此对他们表示由衷的感谢！由于编者水平有限，本书难免有很多不足之处，敬请广大师生不吝指正，使本套教材日臻完善。

目 录

第一部分 土家儿歌 / 001

第一章 革命类儿歌 / 003

军民亲又亲 ·· 003

烧锅油茶敬亲人 ·· 004

靠红军 ·· 005

冷秋秋 ·· 006

山寨新天 ·· 007

翻身歌 ·· 008

红旗红 ·· 009

第二章 劳动类儿歌 / 010

转活路 ·· 010

三绣 ·· 011

大月亮，小月亮 ·· 012

薅草歌 ·· 013

望牛山歌 ·· 014

高山砍柴 ·· 015

洋芋歌 ··· 016

哥妹种瓜 ··· 017

再来喊号 ··· 018

采春茶 ··· 019

绣荷包 ··· 020

卖杂货 ··· 021

第三章　民风类儿歌 / 022

酒令 ·· 022

陪十姊妹 ··· 023

送神 ·· 024

四月歌 ··· 025

立夏歌 ··· 026

包粽子 ··· 027

第四章　劝诫类儿歌 / 028

做个勤快人 ·· 028

十八哥哥 ··· 029

洒洒稀 ··· 030

读书歌 ··· 031

劝人歌 ··· 032

惜时歌 ·· 033

做事难 ·· 034

第五章　亲情类儿歌　/　035

虫儿飞 ·· 035

说起穷 ·· 036

毛毛雨 ·· 037

回娘家 ·· 038

关雎 ·· 039

马桑树儿马桑枝 ·································· 040

摇篮曲 ·· 041

上学歌 ·· 042

摇娃歌 ·· 043

时时雨 ·· 044

你唱我听 ·· 045

高粱埂 ·· 046

太阳落坡 ·· 047

丝茅草 ·· 048

搭高台 ·· 049

亮晶晶 ·· 050

闹一更 ………………………………………………………………… 051

第六章 游戏类儿歌 / 052

抢龙尾 ………………………………………………………………… 052

小小鱼儿 ……………………………………………………………… 053

翻豆腐 ………………………………………………………………… 054

拉帕克 ………………………………………………………………… 055

那边高，这边高 ……………………………………………………… 056

小娃娃盼过年 ………………………………………………………… 057

咚咚喹 ………………………………………………………………… 058

小鸡母 ………………………………………………………………… 059

第七章 问答类儿歌 / 060

说天圆 ………………………………………………………………… 060

捉羊儿 ………………………………………………………………… 061

歌师傅 ………………………………………………………………… 062

对花 …………………………………………………………………… 063

巧冤家 ………………………………………………………………… 064

十八洞 ………………………………………………………………… 065

第八章 动物类儿歌 / 066

目录

闹阳春···066

雀子歌···067

数蛤蟆···068

一群麻雀飞上坡····································069

声声喊···070

耗子歌···071

第九章　植物类儿歌　/　072

好花红···072

金银花儿··073

五片花瓣··074

槐树下···075

月月花···076

牡丹开···077

苞谷叶儿··078

一坵秧···079

第十章　对歌类儿歌　/　080

五句歌儿··080

我不怕···081

文武双全 ·· 082

对歌 ·· 083

歌儿千哒千 ··· 084

人之初 ··· 085

湾湾路 ··· 086

第十一章　扯谎类儿歌　/　087

野鸡公 ··· 087

翩翩打，骑白马 ·· 088

一二三 ··· 089

娘娘脚 ··· 090

灯笼壳 ··· 091

腊月三十 ··· 092

扯白歌 ··· 093

瞌睡多 ··· 094

第十二章　典故类儿歌　/　095

说三国 ··· 095

观音菩萨 ··· 096

桑木扁担 ··· 097

十字 ·· 098

宋氏歌 ··· 099

红关公 ··· 100

第二部分 教学活动设计 / 101

后 记 / 179

第一部分　土家儿歌

第一章　革命类儿歌

军民亲又亲

原讲唱：张自谦
整　理：谭祖文
改　编：段红琼

1=D 4/4

6 3 3 2 3　5 | 5 1 1 2　2 — | 6 1 2 3 5 6 6 | 6 5 6 5 3 2 — |
军民亲又亲（哎），百姓敬红军，　贺龙来了大翻身，军民亲又　亲，

3 3 3 5 5　5 6 | 7 7 7 5　6 — | 5 6 6 5 3 5 1 5 6 | 5 6 5 6　1 — ‖
军民亲又亲（哎），胜过一家　人，　协力　同心为革命，鱼水不能　分。

烧锅油茶敬亲人

原讲唱：张代翠
整理：谭祖文
改编：段红琼

$1=C \frac{2}{4}$

| 6 5 6 3 5 | 1 3 5· 6 | 3 6 5 3 2 | 6 1 ³²⁄ | 3· 3 5 5 |

大婶大嫂 迎红军(哎)，赶做军鞋 忙不赢， 爷爷奶奶

| 6 1 1· 6 | 5 3 5 6 5 | 5 5 1 | 2 5 6 | ²⁄ 1 — ‖

表心意(哟)，烧锅 油茶 敬亲人， 敬亲 人。

靠红军

原讲唱：刘申生
整　理：谭祖文
改　编：段红琼

$1=C$ $\frac{2}{4}$

| $\dot{1}\cdot\ \dot{1}\ 6\ \dot{1}\ 6\ 5$ | $5\cdot\ \ 3\ 5$ | $2\ 3\ 5\ 3\ 5\ 3\ 2$ | $1\ -$ |

天　上　大　星（哟）　　换　小　星，

| $2\cdot\ 3\ 2\ 1\ 5$ | $3\cdot\ \ 5$ | $3\ 5\ 6\ 5\ 3\ 2\ 1$ | $2\ -$ |

地　上　穷　人（哎）靠　红　军。

| $3\cdot\ 3\ 5\ 5$ | $3\ 6\ 5\ 5$ | $\dot{1}\ \dot{1}\ 6\ \dot{1}\ 3\ 2$ | $3\cdot\ \ 5$ |

红军靠着党领导，万众一心团结紧（哟），

| $6\cdot\ 6\ 6\ 5$ | $6\ \ 2$ | $\dot{2}\ \dot{1}\ \dot{1}\ -$ |

三　座　大　山　要　　踏　平！

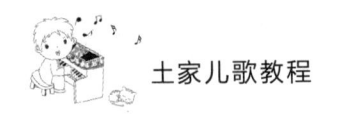

冷秋秋

原讲唱：张代翠
整　理：谭祖文
改　编：段红琼

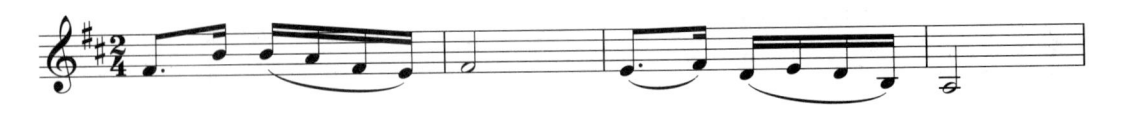

1=D 2/4

3. 6 6 5 3 2 | 3 — | 2. 3 1 2 1 6 | 5 — |
山 歌 不　 唱　　冷 秋　秋，

1 6 1 5 3 | 2. 3 | 2. 3 1 6 5 6 |
芝 麻 打 油 当 菜　籽，菜 籽 打 油 擦 机

1 — | 6 5 6 5 | 1 3 5 6 | 6 ‖
头， 人 民 无 党 没（呀）没 得 路！

第一章 革命类儿歌

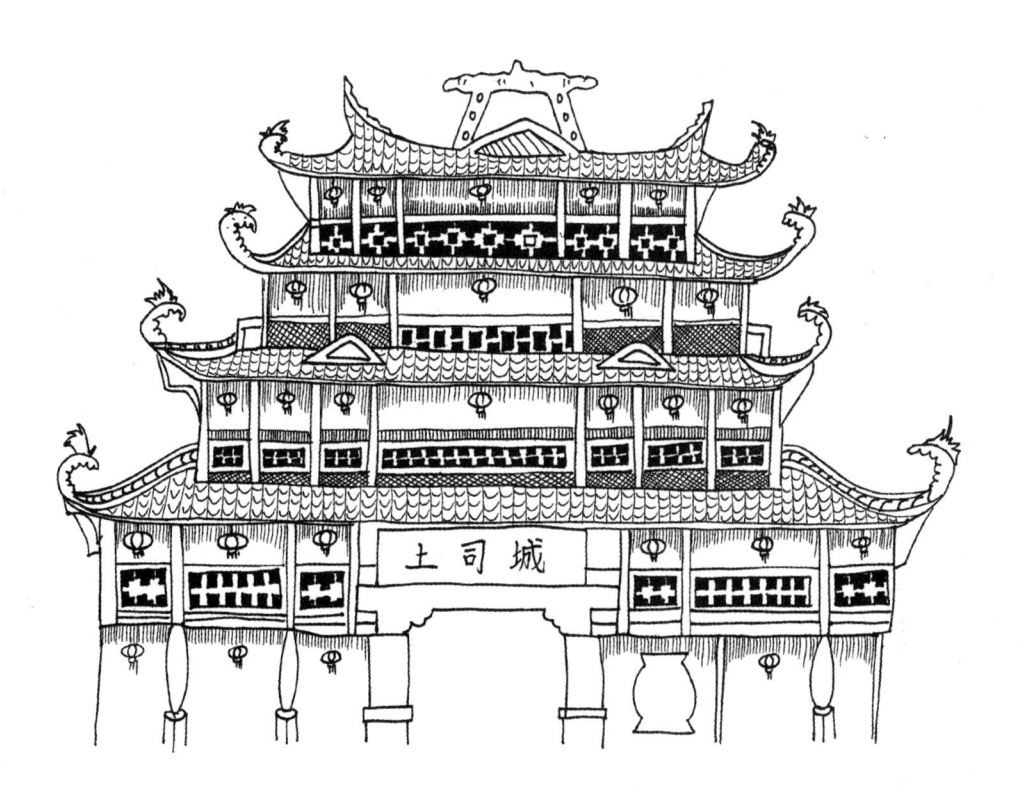

山寨新天

原讲唱：张自谦
整理：谭祖文
改编：段红琼

```
1=C 2/4
6 7 1 7 6 | 2 2 3 | 5 3 2 1 2 1 6 | 2 3 2 | 3· 3 6 6 5 |
年年借账  没得钱， 餐餐 吃饭没得油和盐， 么时等得

4 6 5 | i 3 2 3 2 | 1 1 1 | 5 5 6 6 7 2 | i - ‖
红军到？打倒 豪绅好分田！山山寨寨换新 天！
```

翻身歌

原讲唱：刘申生
整 理：谭祖文
改 编：段红琼

$1=$ ♭E $\frac{3}{4}$

$\underline{6}\cdot 3\ 3\cdot\ \underline{3}\ |\ 5\ \underline{1\ 2}\ 3\ 3\ |\ \underline{6}\cdot\ 2\ 2\cdot\ \underline{2}\ |\ \underline{6}\ \underline{1\ 2}\ \underline{3\ 1}\ 2\ |$
灯 里 无 油 光 不 亮， 田 里 缺 水 秧 苗 黄，

$3\ 3\ 3\ 5\ |\ \underline{6\ 5}\ \underline{6\ 5}\ \underline{3\ 3}\ |\ 2\cdot\ \underline{3}\ 5\ 5\ |\ \underline{6\ 5}\ \underline{6\ 3}\ \underline{5\ 6}\ \|$
穷 人 没 有 共 产 党， 哪 能 翻 身 见 太 阳。

第一章 革命类儿歌

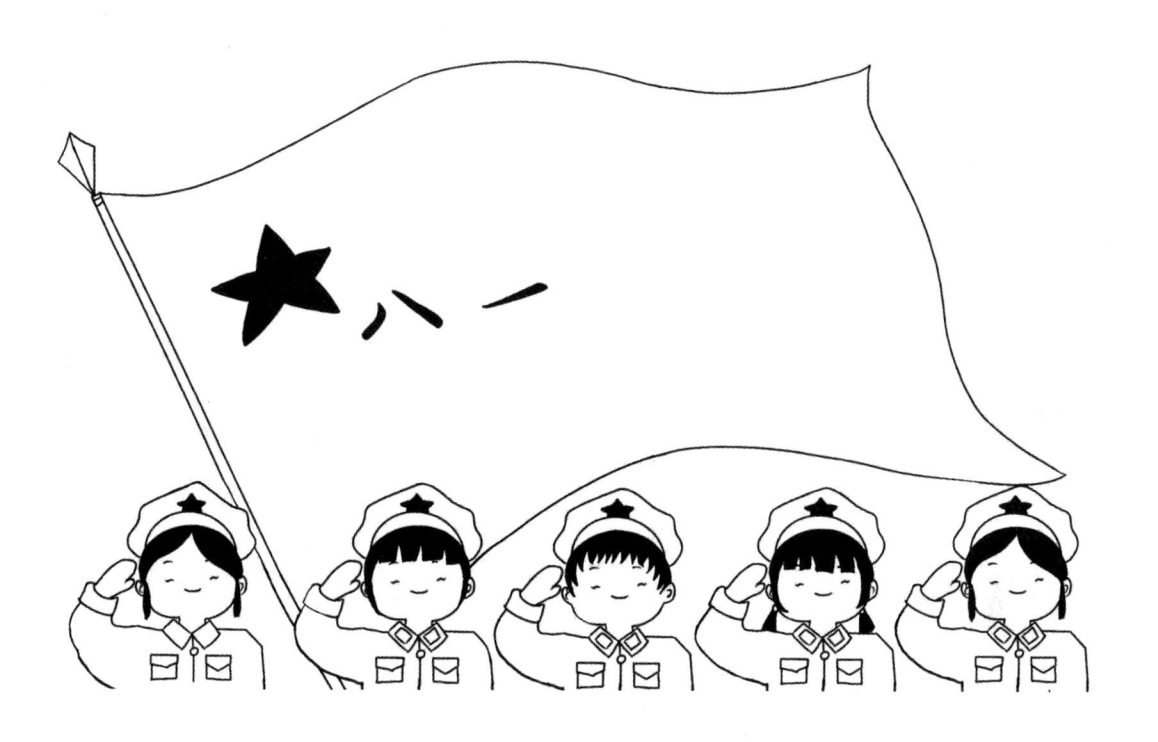

红旗红

土家童谣
改编：段红琼

1=D 4/4

| 1 1 2 3 5 3 5 | 6 6 5 5 3 1 2 3 1 2 | 3·3 5 5 3 1 7 6 |

贺龙红军得了胜， 穷人兄弟喜盈盈， 万道金光河中闪，

| 5 6 5 3 5 3 2·1 2 | 2 2 2 3 5 6 3 2 1·2 | 3·3 5 5 6 5 3 5 5 ‖

红旗映红半天云， 百姓四处来慰问， 送茶送饭忙不停。

第二章　劳动类儿歌

转活路

土　家　童　谣
作　词：宋雨霜
改　编：段红琼

1=F 2/4

6̣ 3 6̣ 3 | 3 1 6̣ | 6̣ 3 6̣ 3 | 1 2 2 |
今 天 我 屋 栽 秧（哟），你 来 帮 忙 煮 莽 莽，

3· 3 3 5 | 6 6 5 3 | 1 3 2 1̣ 6̣ | 5̣ 6 6̣ |
明 天 你 屋 打 谷（哟），我 来 帮 忙 烧 腊 肉。

6 5 3 5 6 5 3 5 | 6 6 6 3 5 3 | 2 2 3 | 5 5 5 3 5 6 5 6 | 1 — ‖
哎, 　　　　　　大 家（嘛）都 转 活 路（哎），热 心 热 肠 好 大 度。

三绣

原讲唱：唐生葱
整 理：谭祖文
改 编：沈 戈

1=D 2/4

```
3  1  3 | 5 6 5  5 | 1. 1 1 6 | 5 - | 4 6 6 6 |
一绣   天上星，星多月不明，     又绣南京
```

```
5 3 3 | 2. 2 3 1 | 2 - | 3 1 3 | 5 6 5 5 | 1. 1 1 6 |
对北京，再绣吕洞宾；二绣   一炷香，绣在枕头
```

```
5 - | 4 6 6 6 | 5 3 3 | 4 3 2 1 | 2 - |
上，   又绣一对巧鸳鸯，再绣诸葛亮；
```

```
3 1 3 | 5 6 5 | 1. 7 6 5 | 6 - |
三绣   明月梭，明月照山河，
```

```
3 5 3 6 | 5 6 5 | 5. 6 5 6 | 1 - ‖
又绣阿妹配阿哥，二人笑呵呵。
```

大月亮，小月亮

鹤峰童谣
整理：万开尧
改编：段红琼

$1=D \quad \frac{2}{4}$

| $\underline{6 \cdot}$ $\underline{5}$ | $\underline{6 5}$ $\underline{3 5}$ | $6 \cdot$ 5 | $\underline{3 \cdot}$ $\underline{5}$ $\underline{3 2 1 2}$ | $2 \;-$ |

大　月　　亮，　　小　月　　亮，

$\underline{3 3}$ $\underline{5 5}$ | $\underline{3 1}$ $\underline{2 \cdot 3}$ | $\underline{1 \cdot 3}$ $\underline{2 3 1 6}$ | $\underline{5 \cdot}$ $\underline{6}$ | $\underline{3 3}$ $\underline{5 5}$ |

哥哥 起来 做篾匠， 嫂子 起来 蒸糯米 (也)，糯米 蒸得

$\underline{6 6}$ $\underline{5 5}$ | $\underline{3 \cdot 5}$ $\underline{3 2}$ | $\underline{1 3}$ $\underline{2 2}$ | $\underline{3 \cdot 5}$ $\underline{6 5 3 2}$ | $\underline{1 1 1}$ ‖

喷喷儿香， 你一 碗， 我一 碗， 打破 锅锅儿 我不管。

薅草歌

原讲唱：张少林
整 理：张子学
改 编：洪 宏

1=♭B 4/4

2 i 6 i 2 0 | 2 i 6 i 2 0 | 2·i 6 i 5 0 | 2·i 6 i 5 0 |
太阳过了河，　　　　　　　　扯住太阳脚，

i 6 i 5 5 6 6 | i 2 i 6 i 0 | i 6 i 5 5 6 i | i 2 i 6 i 0 ‖
太阳你 转来，有句话儿 说， 太阳你 转来，有句话儿 说。

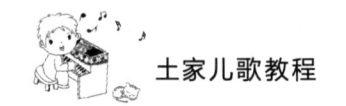

望牛山歌

贵州沿河板场
演唱：王波
整理：向华

$1=C \quad \frac{2}{4}$

| $\dot{1}$ 6 $\dot{1}$ 6 $\dot{1}$ | $5 \cdot 6$ $\dot{1}$ $\dot{1}$ | $\dot{1}$ 6 $\dot{2}$ $\dot{1}$ | 6 $\dot{1} \cdot$ 5 |

清 早 起 来 嘛（啄　包 儿）把 草 鞋 穿 啦（啄 包 儿 啄），

$\dot{2}$ 6 $\dot{1}$ 5 6 | $5 \cdot 6$ $\dot{1}$ | $\dot{1}$ $\dot{2}$ $\dot{2}$ $\dot{1}$ 6 | $\dot{1}$ 6 5 ‖

赶 着 牛 儿 嘛 难　噻， 上 高 山 那 么 老 婆 婆。

高山砍柴

土家童谣
整理：万开尧
改编：段红琼

1=D 2/4

5 5 5 3 5 | 6 3 5 | 1 1 1 5 6 | 6 1 2 |
高山(哟)砍柴 往下梭， 一梭(嘛)梭到 鸦雀窝，

3· 3 1 1 1 | 7 5 6 | 5 5 6 3 2 | 1 1 1 ‖
鸦雀出来(嘛)叫喳喳， 孙儿 直喊 老嗲嗲。

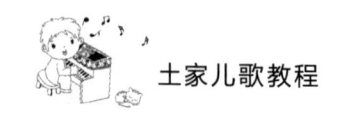

洋芋歌

鹤峰童谣
整理：柳国昌
改编：沈 戈

$1=\flat B$ $\frac{2}{4}$

| $\dot{1}$ 5 5 3 1 | 4 6 6 | 5 $\dot{1}$ 7 $\dot{2}$ | $\dot{1}$ 0 ‖

3 3 4 6 | 5 — 3 | 1 $\dot{1}$ 7·6 | 5 — |
腊 月 要 过　年，　　洋 芋 好 卖 钱，

6·6 4 6 | 3 1 2 | 5·5 3 2 | $\dot{1}$ 0 ‖
卖 了 洋 芋 称 油 盐，过 个 热 闹 年。

哥妹种瓜

原讲唱：张孟安
整理：张　静
改编：洪　宏

1=C 2/4

5 4 5 2 2 | 5 5 2̇ | 5 4 5 2 2 | 4 5 2 | 5 4 5 2 2 |
哥 种 田 来 妹 种 瓜， 哥 煮 饭 来 妹 烧 菜， 清 早 起 来

#4 5 6 | 5 6 5 4 | 2 2 5 | 5 6 5 4 | 2 2 | 5 — ‖
对 面 讲， 世 上 难 找 这 一 家， 世 上 难 找 这 一 家。

再来喊号

贵州思南薅草锣鼓
模　唱：罗　成
整　理：史展尤

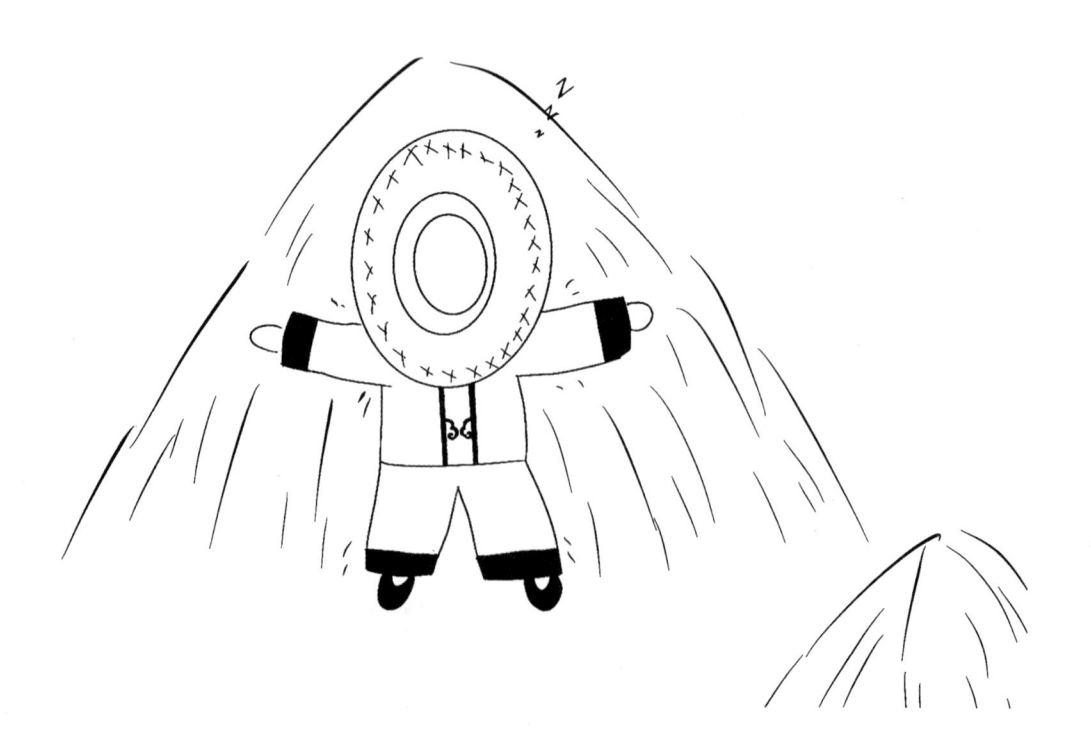

1=♭B

再来喊号（嘛）耶嗬喂嗬，沙嗬喂，

嗬喂哟咿哟，　　沙嗬咿哟嗬。

采春茶

原讲唱：田元姐
整理：万开尧
改编：洪 宏

1=C 2/4

1 2 3 4 | 5 6 5 | i 6 6 6 5 | 3 1 2 |
春茶花儿满山开，采茶的歌儿唱起来，

1 2 3 4 | 5 6 5 | 6 5 4 3 | 2 3 1 |
你来唱来我来接，嫩芽发起大家来，

i 6 6 5 3 | 6 5 i | 6 5 | i — ‖
采茶的歌儿唱起来，唱起来。

绣荷包

原讲唱：张文山
整理：向清毅
改编：沈　戈

1=C 2/4

```
3 5  5 6 5 | 5 0 | 3 1 7 6 5 | 5 0 |
钥 匙 响 叮 当，  打 开 红 衣 箱  上，
金 黄 又 剪 纸 一 得 张 好，  放 到 可 膝 惜 剪 盖 小 了，
```

```
4 6  6 6 | 3 4  5 | 5 3  2· 1 | 1 — :||
取 出 黄 金 纸 一 张，  黄 金 纸 一 张。
与 十 个 姐 古 人 绣 包 不 到，  剪 个 绣 荷 包 不 到。
```

第二章 劳动类儿歌

卖杂货

原讲唱：柳玉兰
整理：向清毅
改编：沈 戈

1=D 2/4

5. 5	5 5	6 6 5	1. 1 4 6	5 —
货 儿	买 呀	买 十 样，	货 客 你 算	账，
你 你	货 货	客 听 开 怀，	不 要 我 把	得
			听 算 账	排，

3 1	7. 6	7 1 2	5 1 7 2	1 —
女 子	收 拾	好 回 房，	好 呀 好 回	房。
相 送	大 爱	也 无 妨，	也 呀 也 无	妨。
君 子	不 姐	虚 来 财，	虚 呀 虚 来	财。

第三章 民风类儿歌

酒令

原讲唱：刘哲清
整　理：柳国昌
改　编：段红琼

1=G 2/4 2 3 2 | 2 3 2 | 2 2 3 2 | 1 3 2 |
把 令 开，把 令 开，二 月 春 风 杏 花 开，

2 2 6 1 | 1 6 | 5 — | 2 3 2 |
八 月 秋 风 桂 花 开。　　　杏 花 开，

5 3 3 2 | 1 — | 6 1 2 | 1 1 6 | 1 — ‖
金 榜 题 名 来，　桂 花 开，状 元 归 来。

陪十姊妹

原讲唱：刘哲清
整理：柳国昌
改 编：段红琼

1=D 2/4

5 5 6666 | 5 5 3 | 5 3 2 5 3 2 | 6 1 2 |
喜鹊 喳喳喳喳 报喜 来， 姐儿 屋里 搭歌 台，

3· 2 3 5 | 6 6 5 | 5 6 5 6 5 3 | 5 6 i ‖
十 朵鲜花 轮流 唱， 陪姐一夜乐（呀）乐开 怀。

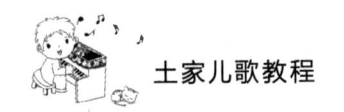

送神

鹤峰薅草锣鼓
整理：向华

1=C 2/4 | i 6 5 | i 6 5 | i. 6 5 6 | i 5 6 i |
多 多 拜， 多 多 拜， 多 多 拜 上 主 人 家，

| i. 6 i 6 | 6 i ⁵6 | 5 6 i 6 | 5 6 ⁶i |
安 置 香 米 与 香 茶， 唱 歌 的 儿 郎

| 6 - | 3 2 3 2 | i. 2 6 | 2 i 2 i 6 | 5 6 5 0 ||
（呃）， 送 菩 （哇） 萨 （嘞）。

第三章 民风类儿歌

四月歌

原讲唱：许德慧
整 理：向清毅
改 编：沈 戈

1=D 3/8

| i 5 | 3 1 | 3 6 | 5· | 4 6 |
正月　就把　龙灯　耍，　二月

| 5 3 4 3 | 2· | 1 1 3 | 2 3 6 6 |
就把树苗　挖，　三月就把　谷种

| 6· | 5 i 0 | 4 6 0 | 2 1 2 | 1· ||
撒，　四月　就把　秧来　插。

立夏歌

原讲唱：胡少武
整 理：胡桂英
改 编：沈 戈

1=D 2/4

5 1 2· 3 | 5 6 5 | i 6 5 3 | 1 3 2 |
四 月 里 来 是 立 夏， 文 王 访 贤 姜 子 牙，

3· 4 5 5 | 6 6 6 | 5 i 3 2 | 1 2 1 ‖
渭 水 河 里 把 钓 要， 周 朝 江 山 八 百 八。

第三章 民风类儿歌

包粽子

土家童谣
整理：安元奎
改编：段红琼

1=♭E 2/4

| 6 6 5 | 3· 5 | 6 6 5 6 | 6· 5 6 5 3 1 | 2 2 2 |
过 端 阳， 栽 秧 忙， 栽 完 就 包 粽 子 尝，

| 3 3 3· 5 | 6 5 6 3 2 | 1· 2 5 5 | 6 5 6 ‖
崽 崽 些 舍 不 要 狂（哟）， 快 快 吃 了 进 学 堂。

第四章　劝诫类儿歌

做个勤快人

原讲唱：张优翠
整　理：谭祖文
改　编：谭　巍

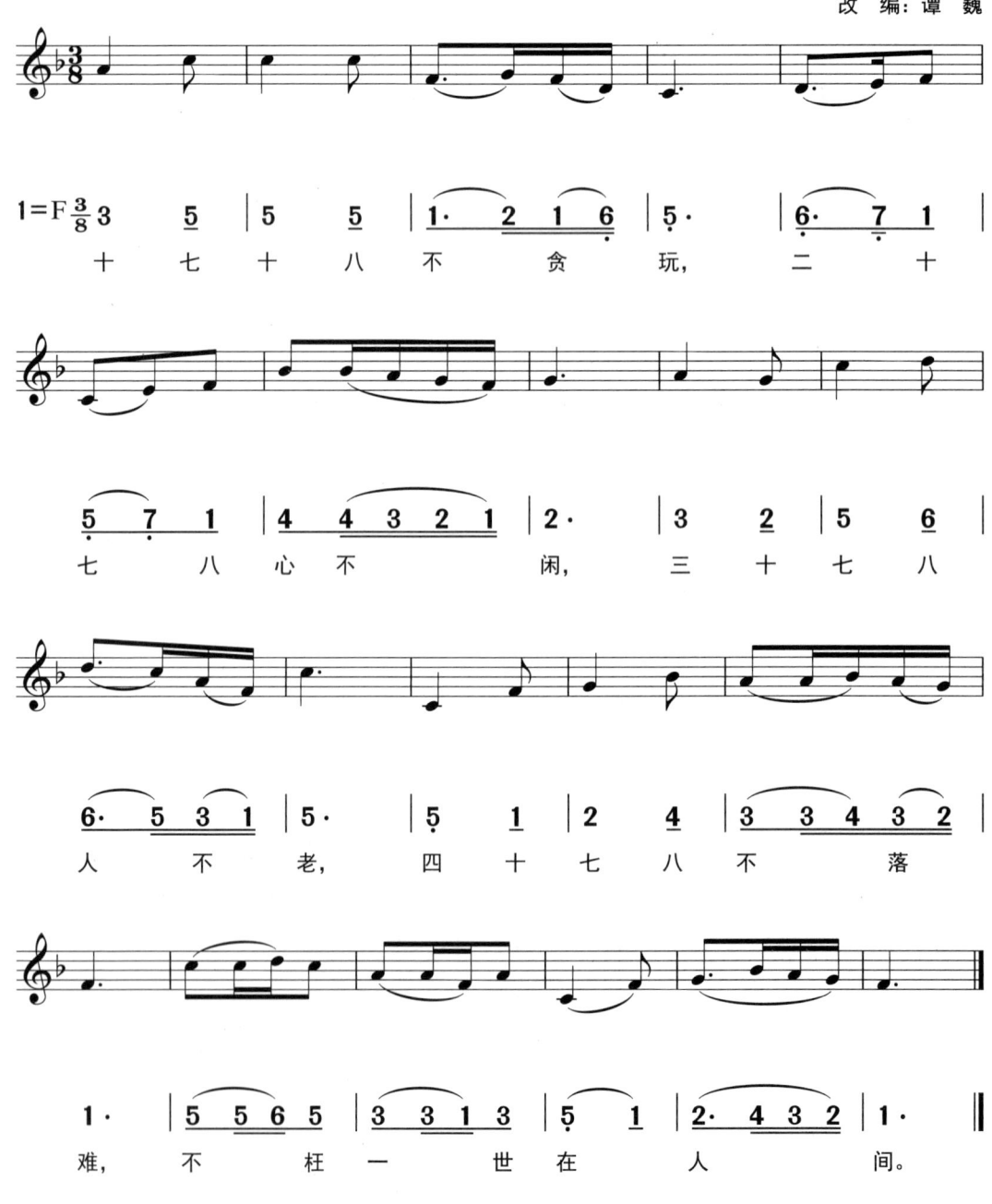

$1=$ F $\frac{3}{8}$

3　｜5　｜5　｜5　｜1· 2 1 6｜5·　｜6· 7 1｜
十　七　十　八　不　贪　玩，　二　十

5· 7 1｜4 4 3 2 1｜2·　｜3　2｜5　6｜
七　八　心　不　　闲，　三　十　七　八

6· 5 3 1｜5·　｜5·　1 2｜4｜3 3 4 3 2｜
人　不　老，　四　十　七　八　不　落

1·｜5 5 6 5｜3 3 1 3｜5·　1｜2· 4 3 2｜1·‖
难，　不　枉　一　世　在　人　间。

第四章 劝诫类儿歌

十八哥哥

原讲唱：曹新年
整 理：覃文沛
改 编：段红琼

1=C 2/4

3 5 6 6 | 3 6 6 | 3 5 5 5 6 | 3 5 1 2 |
十八哥哥 莫耍猫，豆腐不能 挡钢刀，
十八哥哥 莫耍猫，豆腐就要 挡钢刀，

3 3 3 2 1 3 2 | 6 6 6 5 4 6 5 | 6 5 3 2 1 ‖ i - ‖
不是真龙莫下海，烂船莫在江边摇，江边 摇。
不是真龙要下海，烂船要在江边摇，江边 摇，   哎。

洒洒稀

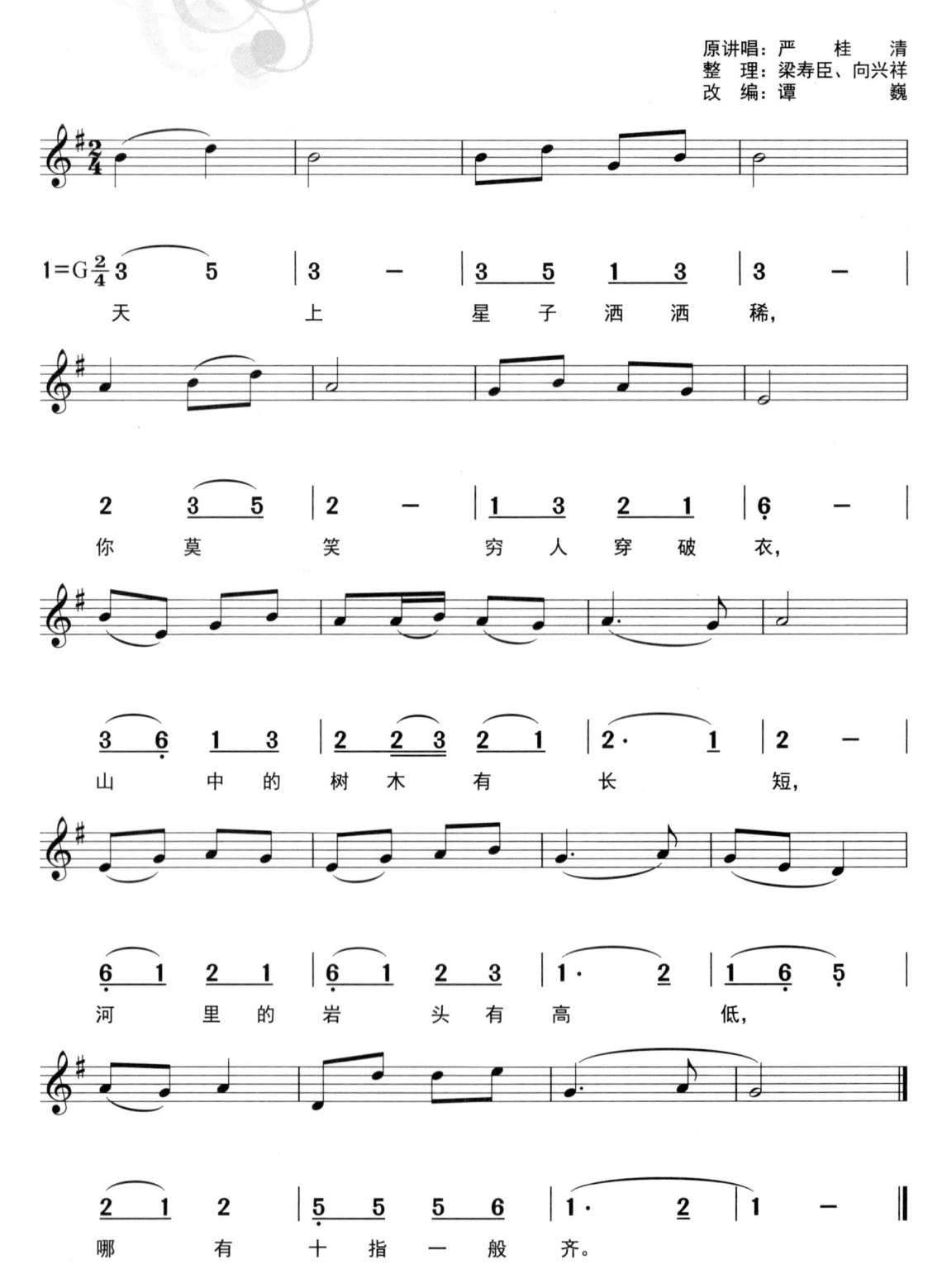

原讲唱：严桂清
整理：梁寿臣、向兴祥
改编：谭　巍

1=G 2/4

| 3　5 | 3 — | 3 5 1 3 | 3 — |
天　上　　星子洒洒稀，

| 2　3 5 | 2 — | 1 3 2 1 | 6 — |
你　莫　笑　穷人穿破衣，

| 3 6 1 3 | 2 2 3 2 1 | 2· 1 | 2 — |
山中的树木有长　短，

| 6 1 2 1 | 6 1 2 3 | 1· 2 | 6 5 |
河里的岩头有高　低，

| 2 1 2 | 5 5 5 6 | 1· 2 | 1 — ‖
哪有十指一般齐。

读书歌

原讲唱：刘哲清
整 理：柳国昌
改 编：段红琼

1=D 2/4

3 1̲2̲3 | 1̲2̲1̲6̲ 5̣ | 3·̲ 5̲3̲5̲3̲1̲ | 2 — | 5̲5̲ 3̲5·̲ |
莫　说　读书不值钱，读的书多上金 殿，　高官不要

6̲6̲ 5 | 6̲5̲6̲5̲3̲2̲ | 3· 5 | 6̲6̲ 6̲1·̲ | 5̲6̲5̲6̲ 1 ‖
黄　金买，只要文章六七　篇，　三元早中，三杯酒儿请！

劝人歌

原讲唱：余佐臣
整理：丰　平
改编：沈　戈

1=D 2/4

1	2 3	5 6 6	6 5 5 1	2 —
古	人 说得 真，	书 中 有 黄金，
你 听 我 劝 你，	说 话 要 谨 慎，
人 走 路 要 端 正，	总 要 守 规 矩，

3 3 5 6	5 1 2	3 3 2 3	1 — ‖
只 要 苦 读，	不 为 心，	何 愁 不 成 名。
圣 人 门 下	灰 徒 弟，	人 员 第 一。
思 前 思 后，	细 理 论，	一 步 三 拐 棍。

惜时歌

原讲唱：张翠娥
整理：向清毅
改编：沈 戈

1=D 3/8

3 1 0 | 3 1 0 | 5 5 6 | 5· | 4 6 |
拐 嗒   拐 嗒   一 声 天， 哪 里

6 5 | 3 1 | 2· | 3 1 0 | 3 1 0 |
等 得 到 明 年， 今 年   还 有

4 6 6 | 6· | i 5 | 3 6 | 4 3 2 |
二 百 天， 明 年 还 有 三 百

1· | i 5 | 3 6 | 5 6 7 | i· ‖
天， 火 烧 眉 毛 在 眼 前。

做事难

原讲唱：汪玉莲
整理：符 波
改编：段红琼

1=D 2/4

3· 1 2 3 | 1 0 2 | 3 3 2 3 | 1 0 |
包 子 这 门 大　 呀（这 呀 这 门 大），

5· 5 3 6 | 5 0 3 | 5 5 4 3 | 2 0 |
饺 子 这 门 大　 呀（这 呀 这 门 大），

4· 4 5 | 6 6 6 | 2 2 2 3 4 | 5 — |
门 板 门 宽 抽 花 线，越 绣（嘛）越 好 看，

6· 6 6 6 | 4 6 5 | 4· 3 2 3 | 1 — ‖
看 事 容 易 做 事 难， 做 事　 难。

第五章 亲情类儿歌

虫儿飞

鹤 峰 童 谣
整 理：符译珍
改 编：段红琼

1=C 3/4 5· 6 5 6 | 6 - - | i· i 5 6 | 5 - - | 3 3 3 2 3 |
　　虫　儿虫儿飞，　飞　到嘎嘎屋，嘎嘎不赶狗，

6 6 3 2 | 5 5 5 3 5 | 3 3 6 5 3 2 | 6 6 6 5 6 | i·5 3 2 1 ‖
咬到虫儿手，嘎嘎不杀鸡，虫儿不回去，嘎嘎不杀鹅，虫儿不过河。

说起穷

土家童谣
改编：段红琼

1=F 2/4

6 6 6̇5 3 1 | 2· 3 3 | 3 1 6̣ 5̣ 5̣6̣ | 5̣ 3 | 2 1 | 2 2 2 3 2 1 6̣ |
说起穷 呀（嘛）硬是穷 （耶），我的 娘 盖的 蓑衣火铺头（哟），

3· 3 6̣ 1 2 2 | 2· 3 5̇ 3 | 3· 1 6̣ | 1 2 | 1 2 1 6̣ | 6̣ 6̣ ||
爹 爹 没得 蓑衣 盖 （哟）， 只有 抱根 吹 火 筒（呀）。

毛毛雨

土家童谣
整理：安元奎
改编：段红琼

1=D 2/4

```
3 3 3 | 5 3 3 | 1 1 1 6 1 2 | 5 3 3 |
毛毛雨， 大点落， 人家苞谷  鸡脑壳，

2· 2 3 3 | 5 6 5 6 1 | 3 3 3 | 5 1 2 |
我家苞谷 水 牛 角。 毛毛雨， 大点落，

5 5 6 5 5 6 | 3 1 2 | 5· 5 6 6 | 5 6 3 2 1 ‖
淋着那些 光脑壳， 家公家婆 来歇 脚。
```

回娘家

原讲唱：向幺姐
整理：谭祖文
改编：沈 戈

1=C 2/4

1 1 3 3 | 1 2 3 | 3 5 5 3 | 5 1 2 | 3· 5 | 3 6 |
一个姐儿十七八，收拾打扮回娘家，左 手 提 个

5· 3 | 3 — | 2· 1 2 1 | 5 5 5 | 3· 5 | 3 6 |
花 篮 篮， 提的面条和粑粑，右 手 提 个

5 1 | 2 — | 3· 2 3 2 | 1 1 1 | 6 6 | 6· 6 |
篾 篓 篓， 装的土鸡和土鸭，背 心 背 个

3 6 | 5 — | i· 5 | 3 1 | 2 5 3 2 | 1 — ‖
花 背 篓， 背 的 一 个 胖 娃 娃。

关雎

原讲唱：明德枪
整理：何哲武
改编：段红琼

$1=C \frac{3}{4}$

3 5	i · i	3 4 5 —	6 5 6 · 6	1 5 3 —
关 关 雎	鸠 做	双 鞋，	在 河 之	洲 送 起 来，

3 3 2 3	6 5 6	3 i 6 5	3 2 1 — ‖
窈 窕 淑 女	鞋 穿 起，	既 漂 亮 来	又 可 爱。

马桑树儿马桑枝

原讲唱：严桂清
整理：梁寿臣、向兴祥
改编：沈　戈

$1=C \dfrac{6}{8}$

3 56 5 | i 55· | 4 65 3 | 4 32· | 1 23 4 |
马桑树儿马桑枝，马桑树上挂钥匙，风吹钥匙

5 66· | i50 i50 | 43 21· | i50 i50 | 5 67 i· |
叮当响，铜锁钥匙响叮当，钥匙还在她身上。

摇篮曲

永顺土家儿歌
演唱：严水花
整理：向 华

1=F 4/4

```
5  3  1  3 | ³2 - - - | 2  1  1  6̂5̂ | 5̣ - - - |
啊 啰 啰 啰  哟         啊 啰 啰 啊 捏

3  1  5  ⁵3 | ³2 - - - | 1  2  1  6̂5̂ | 5̣ - - - |
我 的 宝 宝 （哟）      快 快 睡 觉   觉

3  3̂1̂ 3  2  1̂ | 1  2  1  6̂5̂ | 5̣ - - - |
快 快 长 大 （哟） 快 点 睡 觉  觉

3  3̂1̂ 3  2  1̂ | 1  2  1  6̂5̂ | 5̣ - - - ‖
我 的 宝 宝 （哟） 快 点 睡 觉  觉。
```

土家儿歌教程

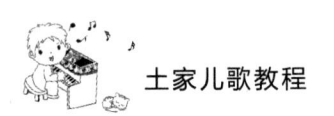

上学歌

土 家 童 谣
整 理：贾湘平
改 编：段红琼

1=F 2/4

| 3 2 1 | 3 2 1 | 2 2 2 2 | 5 7 1 |
张 打 铁， 李 打 铁， 打 把（嘛）剪 刀 送 姐 姐，

| 3 3 3 2 3 | 6 3 2 | 6 5 3 1 | 2 3 2 |
姐 姐 留 我 歇， 我 不 歇， 姐 姐 说 我 是 稀 客。

| 3 3 5 | 6 3 5 | 6 1 2 | 6 5 3 1 2 |
忙 么 事， 歇 一 歇， 我 说："唉， 学 校 开 了 学，

| 3 3 2 2 | 1 2 1 | 5· 5 5 5 | 3 2 1 ‖
我 要 回 家 去 上 学， 二 回 再 来 看 姐 姐。"

摇娃歌

利川儿歌
整理：湖北艺术学院

1=A 3/4 | $\dot{1}$ 6 $\dot{2}$ — | 2/4 $\dot{2}$ $\dot{1}$ $\dot{1}$ 6 | $\dot{2}$ $\dot{1}$ $\dot{1}$ |
哎，　　　幺 儿 睡 觉 觉 （呀）

3/4 $\dot{1}$ 6 $\dot{2}$ — | $\dot{2}$ 6 6 $\dot{2}$ 6 $\dot{1}$ 6 | $\dot{1}$ 6 $\dot{2}$ — ||
哎，　　　幺 儿 觉 觉 来 （咧）　　哎。

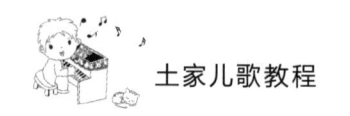

时时雨

原讲唱：田元姐
整理：万开尧
改编：段红琼

1=D 4/4

1　1　5　5　6　5　5　| 1̇　5　6　5　3　2　3 |
时 时 雨 来 时 时 晴，时 时 一 起 时 时 分，

3·　3　2　1　1̇　6　6　| 5　6　5　3　2　6̣　1　2·　3 | 5̣　6̣　3　2　1　— ||
分 分 合 合 是 常 事，分 去 分 来 心 贴 心，　心　贴　心。

第五章 亲情类儿歌

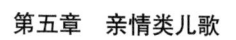

你唱我听

原讲唱：张文山
整　理：向清毅
改　编：沈　戈

```
1=D 3/4   5 - 6 | 5 - 3 | 1· 7 6 | 5 - - |
          你 在 唱 来 我 在 听，

          4 - 6 | 5 - 3 | 1 - 3 | 2 - - |
          你 是 月 亮 我 是 星。

          3 3 4 | 5 - 5 | 6 - 6 | 6 - - |
          你 在 落 来 跟 你 落，

          1 5 0 | 3 1 0 | 2· 1 2 | 1 - - ‖
          你 在 起 来 跟 你 起。
```

高粱埂

原讲唱：汪玉莲
整理：符 波
改编：段红琼

$1=F$ $\frac{2}{4}$

5 3 2	6̣ 1 2	5 3 2 2	6̣ 1 2
高粱梗，	梗高粱，	打起粑粑 看亲娘，	

3· 3 2 1	5 5 5	3· 3 2 1	5 6̣ 1
一 看亲娘 犹似可，	二 看她您儿 忙不忙。		

5 6̣ 5 6̣	6 5 5	6 5 3 2 1	1 1 1
亲娘出来 笑呵呵，	端起菜篮儿 起忙活。		

太阳落坡

原讲唱：柳庆生
整 理：谭祖文
改 编：段红琼

1=C 2/4

| 1 1· | 6 1 | 5 6 6 6 | 1 1· 6 1 | 3 5 1 6 |
眼看 太阳 要 落坡（哟），哥哥 回家 要过 河，

| 6· 6 1 3 2 | 2 3 5 | 3 3 2 5 5 6 | 6 6 ||
铜 打链子 铁打 锁， 拴住太阳留住 哥（哎）。

丝茅草

原讲唱：余为姐
整理：覃文沛
改编：沈　戈

$1=^\flat E$ $\frac{2}{4}$

| 1　3　5 | 5　3　1 | 2　2　3　2 | 7̣　6̣　5 |

丝茅草，　丝茅草，　风吹丝茅　二　面　倒，

| 1　3　4　5 | 6　6　6 | 5　3　4　2 | 1　7̣　1 ‖

当到我面说得好，背到我哎莫相交。

搭高台

原讲唱：汪玉莲
整 理：符 波
改 编：段红琼

1=D 2/4

6̣ 6 6 6 | 7 5 6 | 6̣ 6 5 3 | 1 2 2 |
金 银 开 花 搭 高 台， 梦 见 娘 家 抬 酒 来，

3 2 1 2 3 | 5 6 3 | 1̇ 5 6 3 2 | 5̣ 6̣ 1 |
园 子 里 泼 酒 兴 白 菜， 田 里 白 菜 谢 了 花，

7 7 6 6 | 7 1 2 | 5̣· 5 3 2 | 5̣ 6̣ 1 ‖
养 个 儿 子 会 当 家， 养 个 女 儿 会 绣 花。

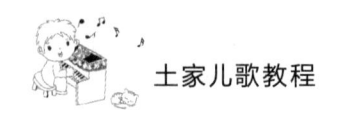

亮晶晶

原讲唱：宋金兰
整理：谭祖文
改编：沈 戈

1=C 3/4

1 2 3 5 | 1̇ 6 5 - | 6 5 3 5 | 1 3 2 - |
星子儿出 来 亮晶晶， 我把歌 儿 唱一 声，

4 6 6 6 | 1̇ 7 6 - | 5 6 5 4 | 3 2 1 - ‖
歌儿要数 山歌 好， 唱支山 歌 给你 听。

闹一更

原讲唱：张文山
整 理：向清毅
改 编：沈 戈

$1=D \frac{2}{4}$

3 5 6 5 3 1 | 3 5 i 6 5 | i i 7 6 5 3 |
一(呀)更子里， 月(呀)月东升， 忽听(那个)外面

4 4 4 3 2 | 1 2 3 1 2 3 | 3 6 5 3 6 5 |
叫了几(呀)声， 娘问女什么呀？女儿道蛤蟆叫，

i 5 3 1 i 5 3 1 | 2 2 3 2 1 i i | i 0 ‖
哎嗨哎嗨， 哎嗨哎嗨， 闹得一更尽哪哎嗨。

第六章 游戏类儿歌

抢龙尾

土 家 童 谣
改 编：段红琼

1=D 2/4 6 6 5 | 6 0 | 6 5 5 2 | 3 6 5 | 6 5 2 | 3 0 |
抢 龙 头（呀）， 龙头有 角（呀吙嘿，呀吙嘿）；

3 5 1 | 6 0 | 6 5 3 1 | 2 3 1 | 2 3 1 | 2 0 |
抢 龙 中（呀）， 龙中有 刺（呀吙嘿，呀吙嘿）；

5 - | 7 - | 6 - | 6 5 6 5 | 3 2 3 5 1 1 | 6 0 ||
抢 龙 尾， 龙尾下河摆（呀）摆清水。

第六章　游戏类儿歌

小小鱼儿

原讲唱：覃文沛
整理：黄久鑫
改编：沈　戈

$1=C \frac{2}{4}$

| 3 4 5 6 5 3 | i 7 6 5 | 4 6 5 4 3 1 | 2 2 2 |

1. 小　小　鱼　儿　下　江　河，搂　衣　扎　裤　把　鱼　摸，
2. 小　小　鱼　儿　在　江　边，架　起　油　锅　不　敢　煎，

| 3 1 3 1 | 6 6 6 | 5 i 5 3 4 6 | i i i |

小　郎　不　是　划　子　手，捉　到　捉　到　又　走　脱。
哥　哥　不　是　划　子　手，架　起　油　锅　不　敢　煎。

翻豆腐

土 家 童 谣
改 编：段红琼

$1=D \frac{2}{4} \frac{6}{8}$

| 5 — | 1 1 2 1 1 2 | 5 3 5 | 3 3 2 3 3 2 |
嘿， 这边那边哪边高？ 这边 高呀（么）

| 1 1 1 | 4 4 6 6 6 | 4 6 5 | 4 4 4 6 5 4 |
这边 高。 这边那边（嘛）哪边矮？ 这边矮呀这边

| 4 2 1 | i · 6 | 4 5 6 | i 4 |
这边 矮。 一 墩 豆 腐 翻 几

| 5 · 6 | 4 5 6 5 4 4 2 | 2 2 |
块？ 翻呀（嘛）翻 三 块 （呀）。

拉帕克

龙山土家儿歌
演唱：田隆信
整理：贤智、大德、远达

1=F 2/4

5 5 5 2	5 5 5 2	5 5 5 5	5 5 5 2	3 2 5 2
拉帕克噢	拉帕克噢，	拉帕克嘞	拉帕克噢，	拉嘞克嘞

5 5 5 2	5 2 2 2	5 5 5 2	5 5 5 2	5 5 5 2	2 —
拉帕克噢，	拉帕克嘞	拉帕克噢，	呼你打哈	拉帕克噢。	

那边高，这边高

鹤峰童谣
整理：万开尧
改编：段红琼

1=C 3/4

| 1 1 1 | 7 7 7 | 6 6 6 | 5 5 5 | 2· 3 2 | 4· 3 2 |
那边高，这边高，那边矮，这边矮，东 一 踩，西 一 踩，

| 4 4 3 3 | 2 6 6 | 2 6 1̇ 6 | 6 - - | 3 5 6 ‖
踩 个 梅花儿 过 海 海， 一 个 豆 腐　　划 四 块。

第六章 游戏类儿歌

小娃娃盼过年

土家童谣
作　词：宋雨霜
改　编：段红琼

1=C 2/4

| 1 1 2 1 | 5 5 6 5 | i· i 6 i | 6 5 4 5 |
扫　院　子，　贴　对　子，　嘎　公　夸　我　好　孙　子，

| 6· 6 6 5 | 4 4 4 | 2 4 2 4 5· 5 | 6 5 4 |
看　到　走（呀）招　呼　狗，嘎　嘎　在　家　煮（呀）煮　甜　酒，

| 3 3 3· 4 | 5 5 5 | 6 6 6 5 6 5 | 4 2 2 |
霉　豆　腐，　米　豆　腐，　舅　妈　送　我　　新　衣　服，

| 3 3 3· 4 | 5 5 5 | 6 6 6 5 6 5 | 6 2 i i 2 i |
弯　道　多，　快　点　梭，　舅　舅　红　包　给（呀）给　得　多，　哟　吹！

咚咚喹

演唱：田　隆　信
整理：贤智、大德、远达
改编：段　红　琼

1=F 2/4

1 1 3 2 | 1 1 3 2 | 1 1 3 2 | 1 1 1 |
咚 咚 喹，　咚 咚 喹，　隆 头 街 上 玩 耍 去。

1 1 3 2 | 1 1 3 2 | 3 1 3 2 | 1 1 1 |
咚 咚 喹，　咚 咚 喹，　保 靖 街 上 踢 毽 子。

1 1 3 2 | 1 1 3 2 | 3 3 3 2 | 1 1 1 ‖
咚 咚 喹，　咚 咚 喹，　金 斗 坡 上 走 下 去。

第六章 游戏类儿歌

小鸡母

鹤峰童谣
整理：万开尧
改编：段红琼

```
1=C 2/4   1 1 1 1 | 5 5 5 5 | 3 2 1 2 3 | 6 6 5 | 6 5 3 1 |
         母鸡虽小 蛋蛋儿多， 三岁的伢儿 会唱歌， 伢儿小来

         2 3 2 | 5 i i i | 6 3 6 5 | 5 6 5 5 6 5 | i i i ||
         心又窄， 唱个歌儿 起快活， 起呀（嘛）起快活 哟哟吙！
```

第七章　问答类儿歌

说天圆

原讲唱：辛二姐
整　理：柳国昌
改　编：段红琼

$1=C \frac{2}{4}$

6 65 3 | 6 65 3 | 3· 3 1 1 | 5 65 3 | 6 5 6 5 |
说天圆，讲天圆，天圆地圆几丘田？几丘田里
说天圆，讲天圆，天圆地圆九丘田，四丘田里

6· 6 6 | 6 5 6 5 | 2 2 2 | 6 5 6 1 | 7 5 | 6 — ‖
出大米？几丘田里出沙糖？哪个口里出文　章？
出大米，五丘田里出沙糖，秀才口里出文　章。

捉羊儿

鹤峰童谣
整理：万开尧
改编：段红琼

1=C 4/4

```
0 5̣ | 1 1 1 1 1 0 | 2 1 1 0 5̣ | 1 1 1 1 1 0 | 2 1 1 0 2 |
   你 拽到做么得？   筑 凼 凼儿！ 筑 凼 凼做么得？   装 水 水儿！装

2 2 2 2 2 0 | 3 2 2 0 2 | 2 2 2 2 2 0 | 3 2 2 0 3 |
水 水儿做么得？ 磨 刀 刀儿！ 磨 刀 刀儿做么得？ 砍 竹 竹儿！砍

3 3 3 3 3 0 | 5 3 3 0 3 | 3 3 3 3 3 0 | 5 3 3 0 5 |
竹 竹儿做么得？ 划 篾 篾儿！ 划 篾 篾儿做么得？ 织 篓 篓儿！织

5 5 5 5 5 0 | 6 5 5 0 6 | 5 6 5 5 6 6 0 | 6 5 1̇ 0 ‖
篓 篓儿做么得？ 捡 岩 头儿！ 捡 岩 头儿做么得？ 打 羊 儿！
```

歌师傅

原讲唱：田元姐
整理：万开尧
改编：谭巍

1=A 2/4

5 56 5 56 | 1 1 6 1 | 2 2 23 2 16 | 5 56 5 | 2 16 2 16 |

歌师 唱歌 与你 对， 唱个 雀儿 你来 回， 什么 雀儿
歌师 唱歌 与我 对， 唱个 雀儿 我来 回， 鹦歌 雀儿

2 1 2 2 | 2 16 2 16 | 5·6 5 | 5 56 5 56 | 2 16 1 ‖

来得 早？ 什么 雀儿 来得 迟？ 什么 雀儿 正当 时？
来得 早， 雁窝 雀儿 来得 迟， 三月 阳雀 正当 时。

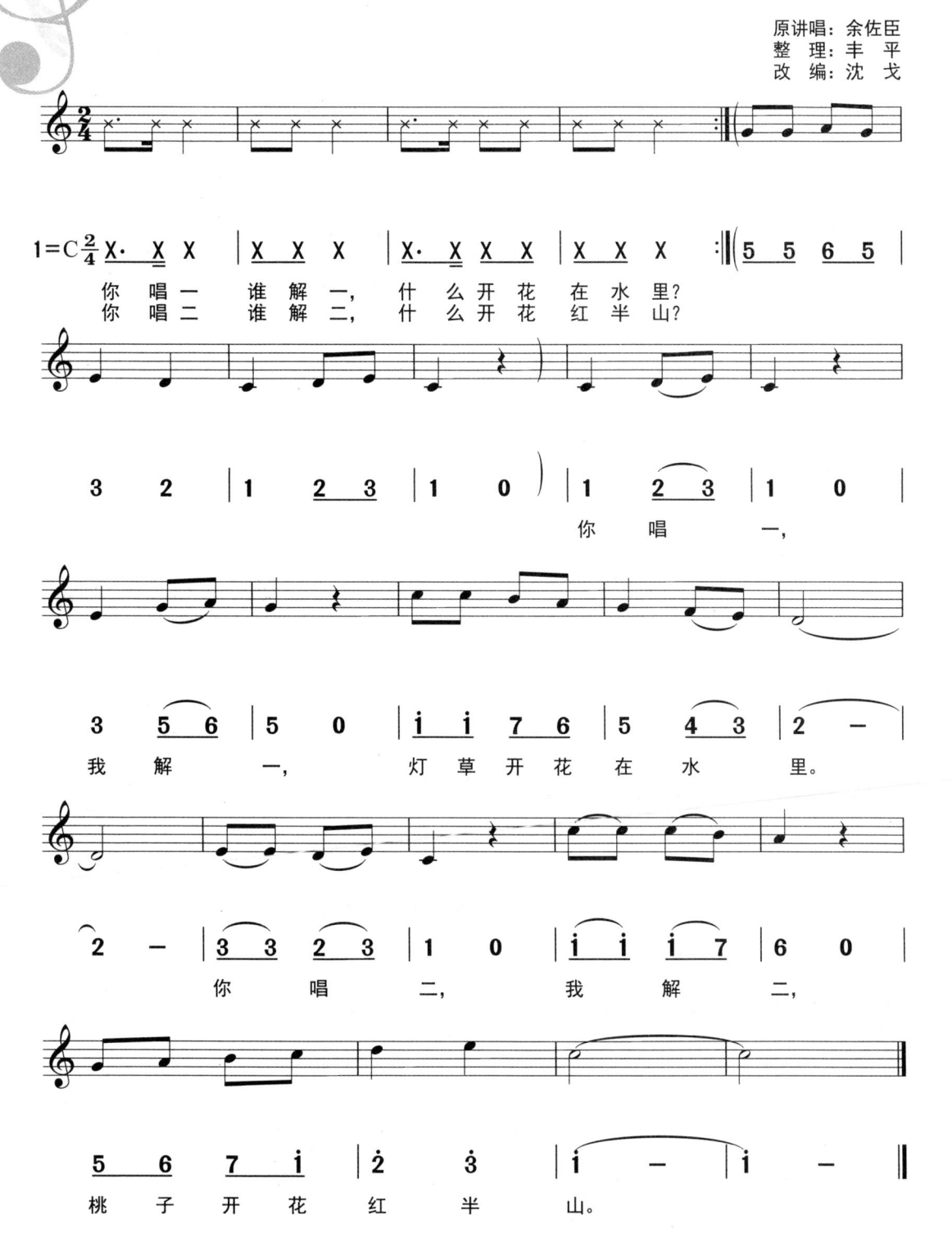

对花

原讲唱：余佐臣
整理：丰平
改 编：沈戈

1=C 2/4

```
X· X X | X X X | X· X X X | X X X :‖ 5 5 6 5 |
你唱一  谁解一， 什么开花  在水里？
你唱二  谁解二， 什么开花  红半山？
```

```
3 2 | 1 23 1 0 | 1 23 1 0 |
          你 唱 一，
```

```
3 56 | 5 0 | 1 1 7 6 | 5 43 2 — |
我 解 一，  灯草 开 花 在 水 里。
```

```
2 — | 33 23 | 1 0 | 1 1 1 7 6 0 |
    你 唱 二，      我 解 二，
```

```
5 6 7 1 | 2 3 | 1 — | 1 — ‖
桃子开花 红半 山。
```

巧冤家

原讲唱：黄忠元
整　理：向清毅
改　编：沈　戈

$1=D \quad \frac{2}{4}$

X X X | X X X | X X X X X | X X X | X X X X |
冤家巧，巧冤家，什么壶能装两样茶？什么藤开

X X X | X X X X X | X X X | X X X X | X X X |
两样花？说个明白不讲它，说不明白不来哒。

(5 5 6 5 | 3 6 5 3 | 2 1 2 3 | 1 1̇ | 1 3 3 |
　　　　　　　　　　　　　　　　　　　冤家巧，

5 6 5 | 1̇ 1̇ 1̇ 6 | 5 6 5 | 4 6 6 6 | 3 5 5 |
巧冤家，说个明白不讲它，鸳鸯壶里两样茶，

2 4 3 2 | 1 3 1 | 2 4 3 2 | 1 5 | 1̇ ‖
金银藤开两样花，说个明白不讲它。

十八洞

鹤峰童谣
整理：刘芳霞
改编：段红琼

1=♭E 4/4

3 3 3 4 5 - | 5 5 2 3 2 - | 6 1 6 5 3 3 2 2 |
门前十八洞， 洞内十八家， 每家十八女（哟），

5 3 5 1 2 - | 2· 5 6 6 5 | 6 5 3 2 1 - ‖
每人四两纱， 叫 声小朋友， 共有多少纱？

第八章　动物类儿歌

闹阳春

原讲唱：张少林
整　理：张子学
改　编：洪　宏

1=C 2/4

6 i 6 i	2̇ 2̇ i	6 i i 6	4 6 6
阳 雀 来 哒	不 作 声，	要 等 山 中	树 叶 青，

6 6̂5 4 5	2̇ i i	6 6̂5 4 5	4 2 1
三 月 四 月	它 来 了，	五 月 六 月	它 转 身，

6 6 6 i	2̇ 6	i 2̇ 2̇	i — ‖
明 年 又 来	闹 阳	春， 闹 阳	春。

第八章 动物类儿歌

雀子歌

原讲唱：覃文沛
整理：黄久鑫
改编：段红琼

1=C 2/4

2 5 2 5 | 3 4 5 | 2 5 2 5 | 6 5 5 | 3 2 3 1 1 |
一个雀子一个头，一双眼睛黑溜溜，一个 尾巴

2 3 5 | 5. 6 3 2 | 1 1 1 | 5 5 6 6 | 3 5 6 i ‖
翘上天， 一双小脚往前走， 一双小脚往前 走。

数蛤蟆

建始高坪儿歌
演唱：周待清
整理：杨霁青

1=G 2/4

| 2 3 5 | 2 3 5 | 2 1 6 1 | 2 2 |
一　个　蛤　蟆　一　张　嘴（呀），

| 2 2 3 1 | 2· 3 2 1 | 6 5 6 1 | 5 5 |
蛤蟆不吃水，　跳在花宫墙（呀），

| 6 1 6 1 | 2· 3 2 1 | 6 5 6 1 | 5 5 ‖
蛤蟆下水缸（呀），跳在花宫墙（呀）。

一群麻雀飞上坡

咸丰杨洞儿歌
演唱：杨福章
整理：杨懋之

1=G 2/4

2 2 3 | 1 1 1 | 3 1 2 3 | $\overset{5}{3}$ - | 3 1 3 1 3 3 |
一群　麻雀　飞(呀)上　坡，　　　三岁

$\underline{6}$ $\underline{6}$ 0 | 2 1 $\underline{6}$ 1 | 3 $\underline{6}$ $\underline{5}$ | 2 3 5 3 | 5 3 3 |
娃儿　会唱　歌(啰嚯)，不是爹娘　教的(也)，

2 3 2 1 | 3 3 1 2 3 | 0 3 | 3 3 5 3 | $\overset{5}{3}$. 2 3 |
我　(哎)，　　　我个人聪明　记

1 $\underline{6}$ 5 $\underline{6}$ | 1 - | 2 3 $\underline{6}$ | 2 $\underline{6}$ 1 $\underline{6}$ | 5 - ‖
得　(嘞)，　记(呀)得　多。

声声喊

原讲唱：唐小春
整理：向清毅
改编：谭 巍

1=D 3/4

| 5 - 3 5 | 4 2 4 | 3· 2 1 3 | 2 - 5 | 3 - 4 |
阳 雀 来 哒 不 作 声， 等 到

| 5 - 5 | 5· 6 5 4 | 5 - - | 2 - 3 | 4 - 4 |
山 中 树 叶 儿 青， 东 枝 跳 到

| 4· 5 4 3 | 2 - - | 3 - 4 | 5 - 5 | 5· 6 6 |
西 枝 上， 一 声 "桂 桂 儿" 一 声

| 6 - - | i 5 0 | 3 5 0 | 6· 5 6 7 | i - - ‖
"阳"， 句 句 喊 的 是 文 章。

耗子歌

宣恩万寨山歌
演　唱：聂银娣
整　理：向香海

1=G 2/4

5· 3 | 1 22 | 3 12 | 3 — | 3· 2 | 5 32 | 1 2·1 |
一只老鼠儿 一 张的嘴儿， 两只耳朵(嘛) 一条

6 — | 1· 5 | 6 66 | 1· 5 | 6 — | 3· 3 | 5 32 |
尾儿， 四只脚(那个) 往 前 梭， 猫儿咪(呀个)

1 21 | 6 — | 1· 5 | 6 — | 3· 1 | 2 3 |
尽到喊， 紧 紧拖， 这 个

1 23 1 | 2 — | 1 1 2 | 1 26 | 5 56 | 5 — ‖
好　唱， 耗(喔) 耗子歌(哇)。

第九章　植物类儿歌

好花红

原讲唱：张孟安
整　理：张　静
改　编：沈　戈

$1=D$ $\frac{2}{4}$

5 $\underline{\dot{1}}$ $\underline{5\ 3}$	5 $\underline{6}$ 5	5 $\underline{\dot{1}}$ $\underline{5\ 3}$	$\underline{4\ 3}$ 2
好花 生得	红 又 红，	三十 六朵	共 一 丛，

$\underline{3\cdot\ 4}$ $\underline{5\ 5}$	$\underline{6\ 6}$ 6	$\underline{5\cdot\ 3}$ $\underline{4\ 2}$	$\underline{1\ 7}$ 1 ‖
三十 六丛	共 一 蔸，	哪朵 向阳	哪朵 红。

第九章 植物类儿歌

金银花儿

原讲唱：张翠娥
整　理：向清毅
改　编：谭　巍

```
1=F 3/4
5 - 3 | 3 - 3 | 3· 2 3 | 4 - - | 5 - 1 |
金    银 花  儿  牵 长 藤，黄      似

1 - 2 | 2· 1 2 | 3 - - | 4 - 6 | 6 - 6 |
金 来 白  似 银， 黄      似 金   来

3· 5 5 | 5 - - | 2 - 4 | 4 - 4 | 1· 3 3 |
有  几 等， 白     似 银   来 有  几

3 - - | 4 4 6 2 | 3 3 5 1 | 2 4 2 7 | 1 - - ‖
层， 聪 明 对   到 能 力   人。
```

土家儿歌教程

五片花瓣

原讲唱：田元姐
整 理：万开尧
改 编：洪 宏

$1=F \quad \dfrac{2}{4}$

| 1 5· 6 | 1 — | 5 2 3 | 5 — |
一　片　花　瓣　　　不　成　　花，

| 3 5 6 5 | 3 2 1 6· | 2 — | 3 3 1 3 |
五 片 花 瓣 成　　一　　　家，　一 朵 茶 花

| 2 1 6· | 3 2 1 6· | 5· 6· | 1 — ‖
五 个 瓣，　一 样 白 来 一　样　大。

槐树下

原讲唱：田元姐
整理：万开尧
改编：洪宏

1=F 4/4

| 1 1 4 4 6 5 4 | 4 1 1 4 6 5 4 | 4 4 1 1 6 6 1 |
高 山 岭 上 一 根 槐， 槐 树 脚 下 搭 戏 台， 师 傅 出 来 掌 鼓 板，

| 1 6 5 1 6 5 4 | 4 5 6 1 2 1 4 | 2 1 4 — ||
徒 弟 出 来 打 闹 台， 文 的 去 了 武 的 来， 武 的 来。

月月花

原讲唱：张翠娥
整理：向清毅
改编：沈 戈

1=C 6/8

| 3 5 3 5 | 1 6 5· | 1 6 5 3 | 1 3 2· | 3 3 4 5 5 |

栽花要栽月月红，吃茶要吃杯杯浓，好花只要

| 6 6 6· | 5 3 4 2 | 1 7 1· | 5 3 4 2 | 1 2 1· ||

栽一朵，恋姐只要恋一个，好的一个当十个。

第九章　植物类儿歌

牡丹开

原讲唱：张翠娥
整　理：向清毅
改　编：沈　戈

1=♭B 2/4

| 1 3 1 3 | 5 6 5 | 4 6 6 5 | 3 1 2 | 3·4 5 5 |
隔河望见牡丹开，只想连苑扯过来，好花不用

| 1 7 6 | 1 5 3 1 | 3 2 1 | 5·5 6 5 | 3 2 1 ||
连苑扯，好水跟到泉眼来，山歌一唱就找来。

苞谷叶儿

原讲唱：唐小春
整　理：向清毅
改　编：洪　宏

$1=\flat E$　$\frac{4}{4}$

5 3 5·3 5 6 5 | 5·6 3 1 2 3 2 | 6 1 6 1 3 3 2 |
苞谷叶儿长又大，造的酒儿像蜜糖，一日早晨糖四两，

5·6 5 3 2 3 1 | 2 - 3 - | 1 - 0 0 ‖
两日早晨糖半斤，糖　半　　斤。

一坨秧

原讲唱：张少林
整理：张子学
改编：洪 宏

$1=C \quad \frac{2}{4}$

3 3 6 6 | 5 6 3 | 6· 7 6 5 | 6 3 3 |
高 山 岭 上 一 坨 秧， 不 是 粘 秧 是 糯 秧，

3 5 6 7 | 6 5 6 | 6· 7 6 5 | 6 3 3 |
粘 秧 口 里 出 白 米， 糯 秧 口 里 出 砂 糖，

3 5 6 7 | 6 5 6 | 6 5 | 6 — ‖
秀 才 口 里 出 文 章， 出 文 章。

第十章　对歌类儿歌

五句歌儿

原讲唱：曹新年
整　理：覃文沛
改　编：谭　巍

1=D 2/4

6 5 6 5 i 6 5 | 5 — | i 6 5 5 6 5 3 | 2 — |
五句歌儿不为　难，　　不比挑花绣牡丹，

2 3 6 1 2 3 2 1 | 2 — | 1 6 1 2 1 6 6 | 5 — ‖
绣花只要五色　线，　　唱歌只要声气尖。

我不怕

原讲唱：徐明月
整 理：向清毅
改 编：谭 巍

1=A 3/8

```
3  3 | 5  5 | 1  6 | 5· | 5 6 6 |
五 句 歌 儿 我 不 怕，住 在

5 4 3 | 2 3 1 | 2· | 3  3 | 5  5 |
天 边 雷 脚 下，青 龙 背 上

1  6 | 5· | 5 3 5 | 6  2 | 2 4 3 |
打 得 滚， 老 虎 口 里 翻 得

5· | 5 6 5 | 1  3 | 2 6 7 | 1· ‖
叉， 哪 怕 你 是 歌 行 家。
```

文武双全

原讲唱：张代辉
整理：谭祖文
改编：段红琼

1=♭E 2/4

| 5 3 5 3 | 3 1 2 3 3 | 6 1 6 1 | 6 5 3 1 2 | 3· 3 3 2 |

五句歌儿我没得，东扯葫芦西扯叶，东扯葫芦

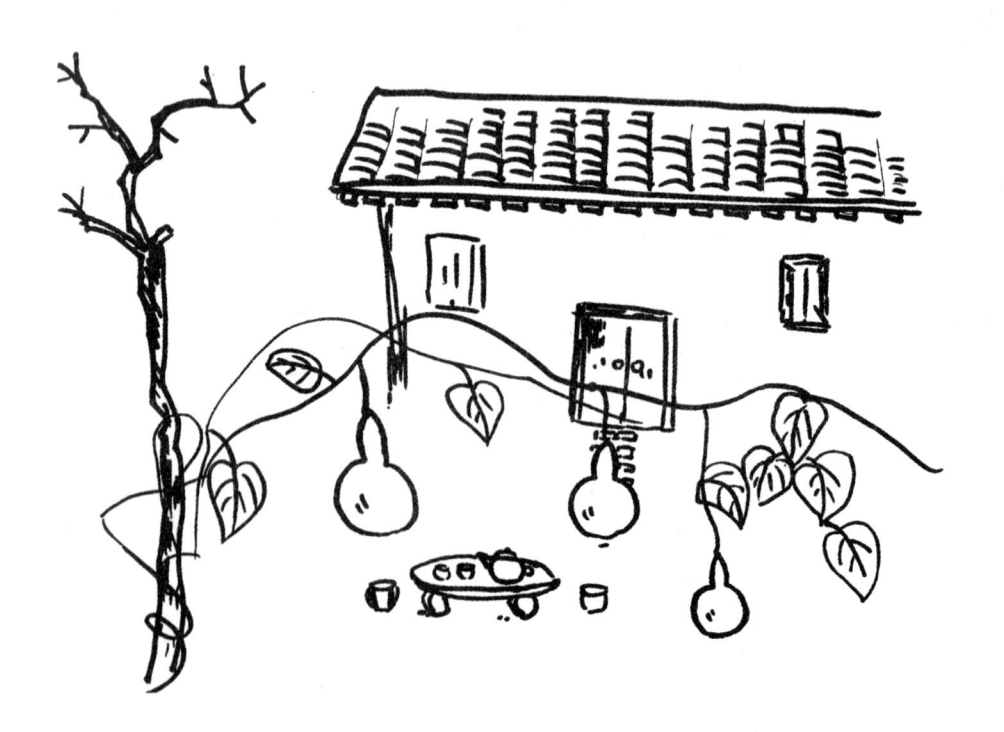

| 1 1 2 3 2 | 1· 1 1 6 | 5 6 5 | 3 5 3 5 3 5 | 6 6 6 ‖

我也有，西扯叶来我也多，能文能武我　怕哪个？

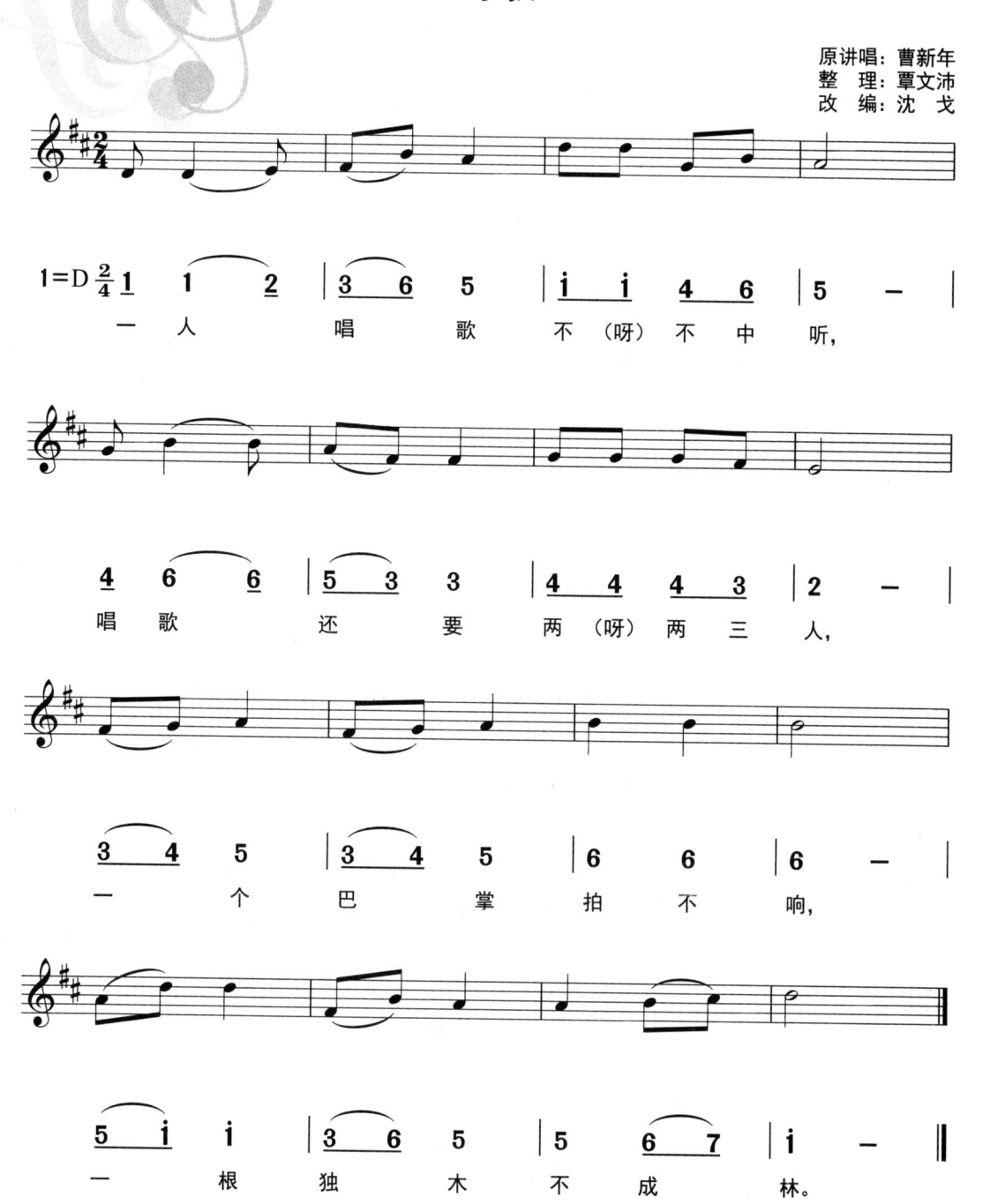

第十章 对歌类儿歌

对歌

原讲唱：曹新年
整理：覃文沛
改编：沈戈

1=D 2/4

| 1 1 2 | 3 6 5 | 1 1 4 6 | 5 — |
一 人　　唱 歌 不（呀）不 中 听，

| 4 6 6 | 5 3 3 | 4 4 4 3 | 2 — |
唱 歌　　还 要 两（呀）两 三 人，

| 3 4 5 | 3 4 5 | 6 6 6 — |
一 个 巴 掌 拍 不 响，

| 5 1 1 | 3 6 5 | 5 6 7 1 — |
一 根 独 木 不 成 林。

歌儿千哒千

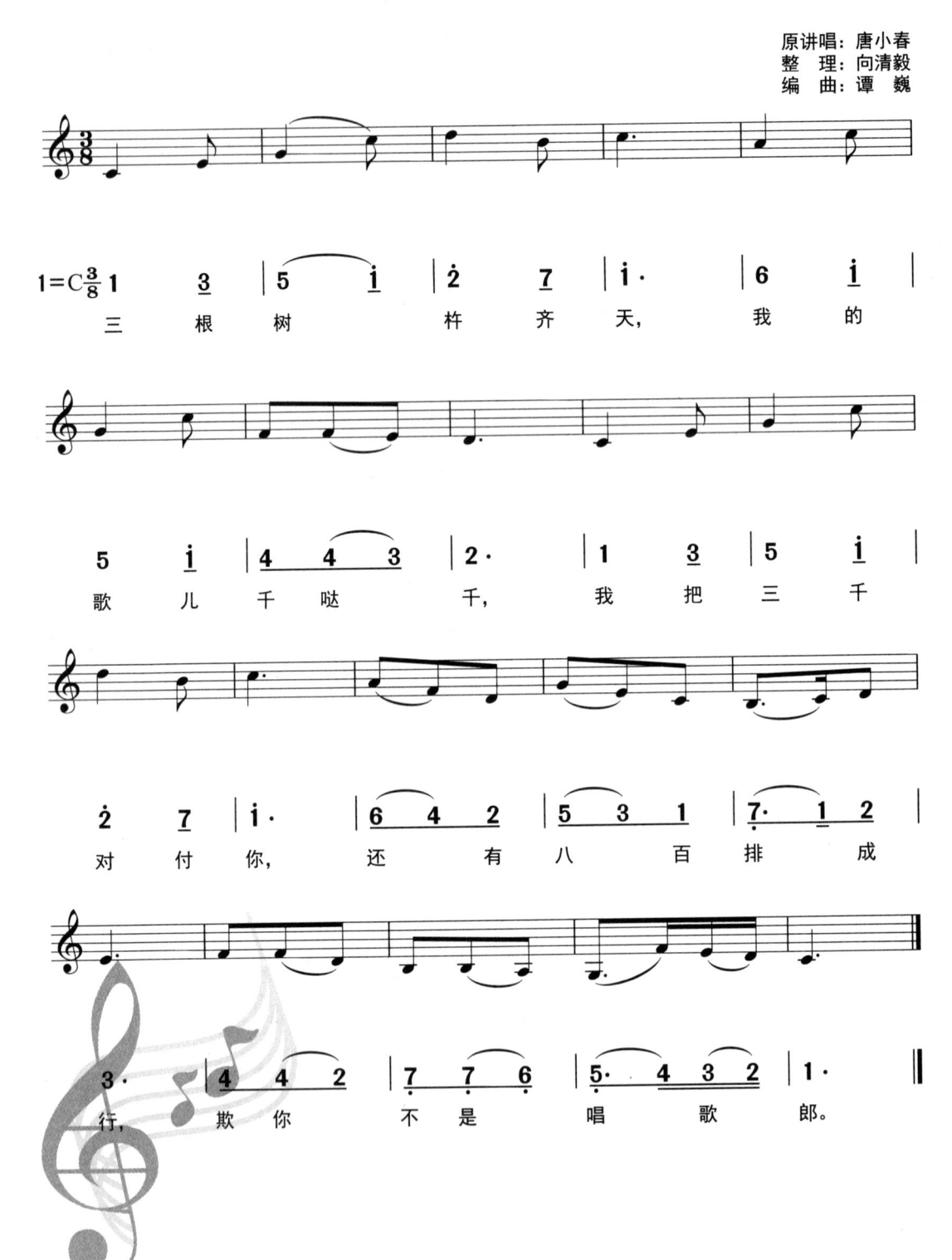

原讲唱：唐小春
整 理：向清毅
编 曲：谭 巍

$1=C \frac{3}{8}$

1	3	5 i	2 7	i·	6 i
三	根 树	杵 齐	天，	我	的

5 i	4 4 3	2·	1 3	5 i
歌 儿	千 哒 千，		我 把	三 千

2 7	i·	6 4 2	5 3 1	7· 1 2
对 付	你，	还 有	八 百	排 成

3·	4 4 2	7 7 6	5· 4 3 2	1· ‖
行，	欺 你	不 是	唱 歌	郎。

第十章 对歌类儿歌

人之初

原讲唱：严桂清
整理：梁寿臣
改编：谭 巍

1=F 2/4

| 5 5 | 5 6 5 3 | 2 — | 5 2 3 5 3 2 |
| 好 歌 | 唱 来 好 歌 对， | 好 亲 | 戚 要 好 客 |

| 1 — | 1 1 2 5 2 3 5 | 2 — |
| 配， | 人 之 初 来 配 到 你， |

| 3 3 1 2 3 1 6 | 5̣ — | 5 5 5 6 2 1 6 | 1· 2 1 ‖
| 性 本 善 来 配 到 他， | 栀 子 配 到 牡 丹 花。|

湾湾路

原讲唱：张文山
整理：向清毅
改编：沈　戈

1=D 4/4

`5̣ | 1· 2 3 5 i 6 | 5 - - 4 6 | 5· 3 1 3 2`
从　来　没走　这条湾，　　这条湾　里真冷淡，

`2 - 3 5 3 5 | i 7 6 - - | 5 i 5· 3 2 3 | 1 - -`
冷淡冷淡真冷淡，　　唱个歌　儿无人还。

第十一章　扯谎类儿歌

野鸡公

鹤　峰　童　谣
整　理：万开尧
改　编：段红琼

1=D 2/4

```
1 1  1 5 6 | 1 1 1 | 2· 2 3 2 3 2 | 1 1 1 |
野鸡公背(呀)背把棕，背到河里看嘎公，
```

```
3 3 3 2 3 3 3 | 3 3 3 2 1 3 2 | 5· 6 5 6 1 1 1 | 5· 6 5 6 2 2 |
嘎公吃得么得饭？吃得(那 个)红豆饭。么得红？朱砂红！么得朱？养猪！
```

```
3· 5 3 5 6 5 | 6· 6 6 5 3 2 | 1 i i i ‖
么 得 养？承 养！么 得 承？官　城 哟 哟 吹！
```

翩翩打，骑白马

鹤峰童谣
整理：万开尧
改编：段红琼

1=C 2/4 1 1 1 | 1 2 3 | 3 2 3 4 | 5 - | i i 0 |
翩 翩 打， 骑 白 马， 白 马 赶 山 羊， 吹 吹

5 5 0 | 3 4 | 5 - ‖: 3/4 2 2 5 5 |
打 打   送 姨 娘。 1.姨 娘 过 沟，
              2.老 虎 龇 牙，

2 2 5 5 | 4 5 3 3 | 4 5 3 3 | 3 2 1 2 |
踩 死 泥 鳅， 泥 鳅 告 状， 告 诉 和 尚， 和 尚 打 鼓，
告 诉 螃 蟹， 螃 蟹 伸 腿， 告 诉 乌 龟，

3 2 1 1 :‖ 3 3 i i | 7 6 5 4 3 2 | 1 0 0 ‖
告 诉 老 虎。 乌 龟 上 坡， 打 破 你 的 后 脑 壳。

第十一章 扯谎类儿歌

一二三

鹤峰童谣
整理：万开尧
改编：段红琼

1=F 2/4

1 1 1 5̣ 5̣ | 1 1 1 | 2· 2 3 3 2 | 5̣ 7̣ 1 |
戳一（嘛）戳二 连戳三， 骑马过不得高桥关，

4 4 4 4 6 | 5 5 5 3 | 5 3 2 1 5 3 2 1 | 5 6 5 6 1 |
背不得包袱 挎不得伞， 按将戳了十六个（呀） 十六个 眼。

娘娘脚

原讲唱：田　远　望
整　理：杨霁青、师明志
改　编：段　红　琼

$1=\text{C}\ \frac{2}{4}$ $\underline{2\ 2}\ 6\ |\ \underline{\dot{1}\ 6}\ 6\ |\ \underline{\dot{1}\ 6}\ \dot{2}\ |\ \underline{\dot{1}\ \underline{2\ 2}}\ |\ \underline{6\ \dot{1}}\ \dot{2}\ |\ \underline{\dot{2}\ \dot{1}}\ \dot{2}\ |$

娘娘脚，踩田角，大脚板，踩田坎，牛角尖，尖上天，

$\dot{1}\ \underline{\dot{2}\ \dot{1}}\ |\ \underline{\dot{1}\ 6}\ 5\ |\ \underline{6\ \dot{1}}\ \dot{2}\ |\ \underline{6\ \dot{1}}\ \dot{2}\ |\ \underline{\dot{2}\ \dot{1}}\ \underline{\dot{1}\ \dot{2}\ \dot{1}}\ |\ \underline{6\ \underline{6\ \dot{1}}}\ \dot{2}\ \|$

天又高，落把刀，七一吹，八一吹，吹得你姐姐 一 眼睛灰。

第十一章　扯谎类儿歌

灯笼壳

原讲唱：汪玉莲
整理：符波
改编：段红琼

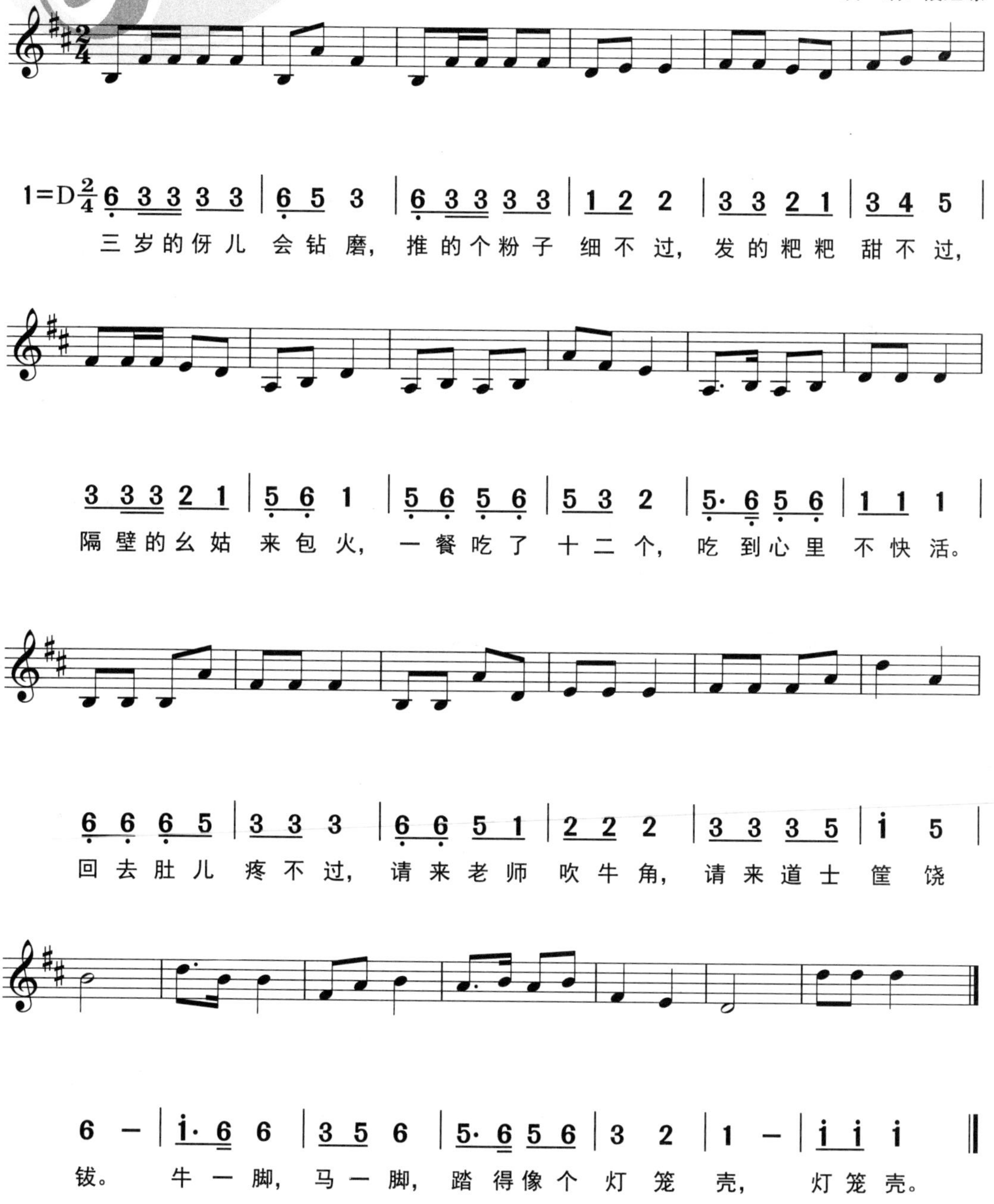

$1=D \frac{2}{4}$

6 3 3 3 3 | 6 5 3 | 6 3 3 3 3 | 1 2 2 | 3 3 2 1 | 3 4 5 |
三岁的伢儿 会钻磨，推的个粉子 细不过，发的粑粑 甜不过，

3 3 3 2 1 | 5 6 1 | 5 6 5 6 | 5 3 2 | 5· 6 5 6 | 1 1 1 |
隔壁的幺姑 来包火，一餐吃了 十二个，吃到心里 不快活。

6 6 6 5 | 3 3 3 | 6 6 5 1 | 2 2 2 | 3 3 3 5 | 1 5 |
回去肚儿 疼不过，请来老师 吹牛角，请来道士 筐饶

6 — | 1· 6 6 | 3 5 6 | 5· 6 5 6 | 3 2 | 1 — | 1 1 1 ‖
钹。　牛一脚，马一脚，踏得像个 灯笼 壳，　灯笼壳。

腊月三十

土 家 童 谣
整 理：万开尧
改 编：段红琼

1=C 4/4

3 3 4 4 | 5 5 5 - | 3 2̲ 1̲ 5 5̲ 5̲ | 6 i 5 - |
腊 月 三 十 月 亮 大， 有 人 在 院 子 里 偷 黄 瓜，

3̲ 3̲ 3̲ 2̲ 3 - | 4̲ 4̲ 4̲ 3̲ 4 - | 5̲ 5̲ 5̲ 4̲ 5 - | 6̲ 6̲ 6̲ 5̲ 6 - |
小 鸡 看 见 的， 小 鸭 听 见 的， 小 猫 一 声 喊， 小 狗 跟 到 赶，

i· 5̲ 6 3 2 - | 3̲ 2̲ 1̲ 3̲ 5 i 2̇ i | i - 0 0 ‖
赶 到 烂 泥 湖， 搭 得 灰 只 扑， 哎 哟 哟。

扯白歌

原讲唱：汪玉莲
整理：符 波
改 编：段红琼

```
1=F 3/4
6̣ 3 3 | 3̂2 1 2̂2 | 6̣ 2 2 | 2̂1 6̣1 5̣ | 3·3̂ 3̂5 3 |
金银花十二 朵，姨大妈来结果，猪儿打 架，

6·6̂ 6̂5 3 | 4·4̂ 4̂3 2 | 6 5· 6 | 3̂3 2̂2 1 ‖
狗儿烧 水，猫儿弄饭太 可 笑， 哈哈哈哈哈。
```

瞌睡多

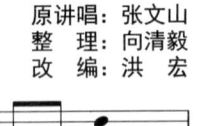

原讲唱：张文山
整理：向清毅
改编：洪 宏

1=D 2/4

| 1 1 5 5 | 3 6 5 | 1· 2 3 4 | 5 6 5 | 5 5 1 5 |
闷 闷 乐 乐 瞌 睡 多， 听 我 唱 个 扯 谎 歌， 去 年 看 见

| 3 6 5· 3 | 5 3 2 3 | 2 1 1 | 1 2 3 5 | 1 1 1 ||
牛 生 蛋（呀）， 今 年 看 见 马 长 角， 风 吹 岩 头 滚 上 坡。

第十二章　典故类儿歌

说三国

原讲唱：周进青
整　理：李斌然
改　编：段红琼

1=C 4/4

八字写来两边分，曹操孙权刘氏君，人人都想定乾坤，闹得天下不太平，

刘备三次请孔明，用火攻，烧曹营，魏蜀吴，争汉鼎。

观音菩萨

原讲唱：张代翠
整　理：谭祖文
改　编：段红琼

$1=G \frac{4}{4}$

| 5 5 5 5 1 1 1 | 5 5 5 5 2 2 2 | 3 3 2 1 7 1 6 |

观音菩萨不认人，善人善脑善良心，哪个要是起坏心，

| 3 3 2 1 7 1 2 | 5 5 6 1· | 3 2 1 — ‖

哪个要是缺了德，整他一年十二月。

第十二章 典故类儿歌

桑木扁担

原讲唱：曹新年
整理：覃文沛
改编：谭巍

$1=C \frac{3}{4}$

5 6 5 | $\dot{1}$ — $\dot{1}$ | 1· 2 3 4 | 5 — — | 3 5 5 |
桑 木 扁 担 两 头 钉， 一 头

2 4 4 | 3· 1 2 3 | 2 — — | 5 $\dot{1}$ $\dot{1}$ | 3 5 5 |
重 来 一 头 轻， 这 头 挑 的

2· 3 4 5 | 6 — — | 6 $\dot{1}$ 6 5 3 5 | 4· 3 5 |
张 果 老， 那 头 挑 的 吕 洞

2 — — | 5 $\dot{1}$ $\dot{1}$ | 3 5 6 | 7· 5 6 7 | $\dot{1}$ — — ‖
宾， 挑 的 神 仙 两 个 人。

十字

原讲唱：明珍姐
整理：谭祖文
改编：段红琼

1=C 4/4

八字二面丢，张飞英名留番，
九字九转弯，昭君和北霸，
十正穿下，好个李元

大怀吼抱三声琵水倒流上弹八，吼断桥难修。
手提钢锤马百八，一英夜明盖天下。

第十二章 典故类儿歌

宋氏歌

原讲唱：周进青
整理：李斌然
改编：段红琼

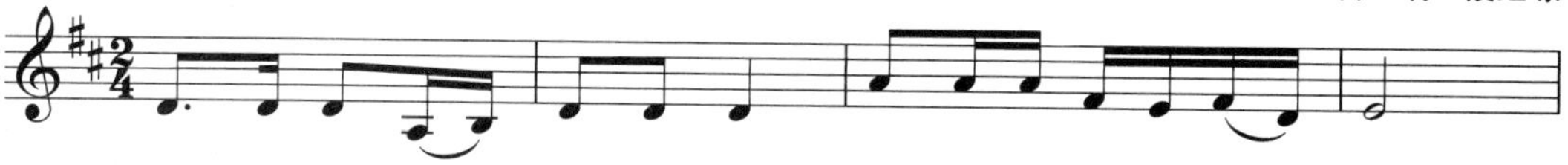

1=D 2/4

1· 1 1 5 6 | 1 1 1 | 5 5 5 3 2 3 1 | 2 — |
十 字 一 横 又 一 直，赵 匡 胤 改 为 宋 氏，

3 3 3· 5 | 6 6 6 | i 5 6 5 6 | 3 2 3· 5 |
走 关 东 来 闯 关 西，上 马 江 山 一 十 七，

6 6 6 5 | i 5 | 6 — ‖
辽 域 者， 金 城 讫！

红关公

原讲唱：黄忠元
整理：向清毅
改编：段红琼

1=♭B 2/4

| i i 5·5 | 6 6 5 | 6 5· 3 5 | 2 3 2 | 3 3 2 1 |

关大将军生得红，一十三岁上广东，广东有股

4 5 6 | 3 i· 6 5 | 3 2 1 | i· 3 2 i | 2 5 6 i ‖

清凉水，一口喝到九条龙，单人独马显神通。

第二部分　教学活动设计

《军民亲又亲》

教育活动设计

活动目标

1. 培养爱国、爱党、爱民的民族精神与品质。
2. 能充满感情地歌唱，诚挚地表达对党的感激之情。
3. 感知三声部歌唱的和声与音响效果。

活动准备

钢琴，中音钢片琴

活动过程

1. 学与唱

没有共产党，就没有新中国，中国之强大是无数共产党员前仆后继的英勇奋斗换来的，新时代的我们要珍惜这来之不易的幸福生活，爱军、拥军是爱国的最高表现。

本曲为 D 大调儿歌，四四拍子，共四个乐句，节奏舒缓，旋律起伏较大，线条柔美，为颂歌式歌曲。演唱时钢琴以完全分解和弦模式进行伴奏，歌唱时要以平稳的气息、良好的音准、明亮的音色充满感激地进行表现。

2. 歌曲演绎

①单声部歌唱：第一遍中音钢片琴演奏四小节作为前奏，紧接着歌唱声部以悠扬清亮、充满感激的情绪进行表现，钢琴中速伴奏。

②二声部合唱：第二遍进入二声部合唱，主旋律与人声 I 同时进行，衬词以饱满、圆润的发音进行和声支撑，下行音准是训练重点。

③三声部合唱：第三遍人声 II 以反方向进入，音的变化较多，第一小节音准是重难点，音头 re 要起准，两小节换气一次。感受三声部纯人声合唱的和声感与流动感，注意伴唱气息的连贯与力度控制。

3. 伴奏

中音钢片琴与钢琴始终以从容、稳定的速度进行伴奏。

4. 伴唱（奏）谱例如下

（设计者：恩施职业技术学院　段红琼）

《烧锅油茶敬亲人》

教育活动设计

活动目标

1. 体验军民一家亲的浓浓情意，培养爱军、拥军的美好品质。
2. 了解土家油茶汤的做法与讲究，及其在传统民众生活中的作用。
3. 体验二声部合唱在木琴与高音钢片琴伴奏下的音响效果。

活动准备

高音钢片琴，中音木琴

活动过程

1. 学与唱

土家油茶汤是中国茶文化的一种，与藏族酥油茶、蒙古族奶茶一起被誉为中国三大名饮。土家油茶汤盛行于武陵山区，土家语称"色斯泽沙"，主要由黄豆、苞谷泡、茶叶、茶油构成，是土家族待客的最高礼遇。

本曲为 C 宫调革命歌曲，四二拍子，七字句式，共有四个乐句，字里行间表达了人民对红军深深的感激之情。歌唱时装饰音要表现得自然、圆滑，换气从容，发音位置稍靠前，吐咬字清晰，用高音钢片琴旋律进行伴奏。先分声部歌唱，再合唱，以甜美、充满感激的情绪展现歌曲。

2. 歌曲演绎

①前奏：高音钢片琴先行进入四小节作为前奏，塑造干净、神圣的音乐情景。

②歌唱活动：四小节后主旋律歌唱声部、伴唱声部与低木伴奏同步进入，中速、充满感情地进行完整表现。伴唱要注意气口与音准的把握；低木旋律较为活泼，节奏较快，注意双手交替动作准确而轻盈。

3. 伴唱（奏）谱例如下

（1）伴唱谱例

（2）伴奏谱例

（设计者：恩施职业技术学院　段红琼）

《山寨新天》

教育活动设计

活动目标

1. 培养珍惜幸福生活、感恩祖国的优秀品质。
2. 能以充满感激的、深情的情绪表现歌曲。
3. 聆听感知二声部歌唱的和声与音乐效果。

活动准备

钢琴

活动过程

1. 学与唱

土家族人民多居住于山区丘陵地带，海拔较高，经济落后，是重点扶贫区域。在党的带领和扶持下，从20世纪50年代开始，土家族通过政权建设、清匪反霸、减租退押、

民主改革和社会主义改造,以自主发展、扩大开放、推行扶贫战略等手段,社会经济获得了快速发展,人民的生活水平日益提高,真真实实迎来了"山寨新天"。

本曲为 a 小调转 C 大调革命歌曲,共有两个乐句,情绪变化较大,第一乐句悲泣控诉旧生活的悲惨,第二乐句以充满了对"土地豪绅"的愤恨、对共产党的期待,喊出了"换新天"的迫切愿望。旋律流畅且朗朗上口,音域跨度较大,句尾押韵,其韵脚为"an"。在歌唱时以充满焦虑而期盼的情绪进行表现,注意"得"发音为"dei"(一声),"么时"意为"什么时候"。

2. 歌曲演绎

①分声部歌唱:分声部歌唱练习,以充满悲痛与希望的情绪表现主旋律,钢琴伴奏。

②二声部歌唱:伴唱声部以连贯的气息、平稳的歌唱对主旋律进行部分重复与填充,注意音量与情绪的控制,衬托但不掩盖主旋律。

3. 伴唱谱例如下

伴唱谱例

(设计者:恩施职业技术学院 段红琼)

《薅草歌》

教育活动设计

活动目标

1. 培养热爱生活、热爱劳动的良好品质。
2. 感受歌曲所体现的土家精神。
3. 能用嗓音及二声部音筒打击乐表现歌曲。

☞ **活动准备**

音筒

☞ **活动过程**

1. 学与唱

本曲为 ^{b}B 宫调式五字句儿歌，四四拍子，曲风高亢明亮，歌词诙谐有趣，体现了勤劳、勇敢、幽默的土家精神。将太阳比喻成人，使之具有人格化特征，同时体现了无惧无畏的精神，敢"扯住太阳脚"，要它"转身"，并对它"有句话儿说"。其隐含的意义为天公不作美，农民种田收成受到了很大的影响，无奈之下，只能跟太阳"对话"，歌曲由此显得更加生动、富有生命力。注意"扯"念"chei"（三声）。

2. 歌曲演绎

①分声部练习：首先将人声Ⅰ、Ⅱ与音筒Ⅰ（降b/降b^1）、音筒Ⅱ（g^1/C^2）、嗓音伴奏分开练习至熟练，嗓音声部要注意休止符的准确性，并将拟声词表现的有节奏感且具有一定张力。

②二声部歌唱组合：将人声Ⅰ与人声Ⅱ进行组合，感受二声部合唱的层次感与填充感，欢快的情绪要表现出来。

③二声部音筒组合：将音筒Ⅰ与音筒Ⅱ进行组合，感受音筒节奏此起彼伏，相互映衬的音响效果，注意要以恒定的速度进行表现。

④五声部组合：将人声Ⅰ、Ⅱ与音筒Ⅰ、Ⅱ及嗓音节奏进行整合练习，从慢速到中速，逐一练习至合拍，聆听感受多声部协作的整体音响效果。

3. 伴唱（奏）谱例如下

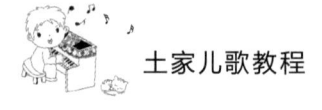

（设计者：恩施职业技术学院　段红琼）

《高山砍柴》

❧ 教育活动设计 ❧

☞ 活动目标

1. 体验劳动人民生活的艰辛，树立正确的劳动观与生活观。
2. 感受并理解方言的发音及含义。
3. 体验并创编多样化手指游戏。

☞ 活动准备

钢琴

☞ 活动过程

1. 学与唱

土家人民居住地多为山区，世世代代生活在大山之中，很多原生地农民都上山砍柴，用来做柴火饭、炕腊肉、取暖等，生活环境的艰难并没有让人悲观，更多体现了乐观的心态和豁达的生活态度。

本曲为 D 大调劳动类儿歌，七字句式，共有四个乐句。第一、二、三乐句描写了在砍柴过程中发现"鸦雀窝"，并有"鸦雀叫喳喳"，第四乐句是小孩围着大树蹦蹦跳跳、跺着脚找"嗲嗲"看"鸦雀"。歌曲虽短小，但故事情节具有很强的画面感和代入感，逻辑性强，歌词通俗易懂，方言较多，如"梭"意为"滑"，"鸦雀"意为"麻雀"，"嗲嗲"意为"爷爷"，衬词无含义，多为语气助词。歌唱时以高兴、欣喜的情绪进行表现。

2. 歌曲演绎

①手指谣动作设计

高山：双手指尖相对，手掌根分开；

砍柴：立起双手掌，侧面做刀砍动作；

往下梭：双手十指相交，手腕以 S 型摇摆；

鸦雀窝：双手做捧握状，掌心分开；

鸦雀：左手握住右手呈拳状，右手大拇指钻出来；

叫喳喳：双手掌根并拢，手指上下扇动；

孙儿：双手握拳相对，小拇指立起来；

老嗲嗲：双手大拇指立起来。

②游戏形式

第一遍单人手指游戏；第二遍寻找小伙伴做二人游戏，注意动作的合理分配及协调性把握；第三遍进行多人手指游戏，动作及队形可做多样化设计。

（设计者：恩施职业技术学院　段红琼）

《哥妹种瓜》

教育活动设计

活动目标

1. 培养相互尊重、相亲相爱的家庭观。
2. 了解音筒游戏的形式与创编特点。
3. 培养良好的节奏感与身体协调感。

活动准备

音筒

活动过程

1. 学与唱

本曲为 C 大调劳动类儿歌，四二拍子，一共有三个乐句，第一、二乐句描写了"哥种田妹种瓜，哥煮饭妹烧菜"的美好、勤劳、平等的生活状态，第三乐句表达了对这个家庭的羡慕之情，同时宣扬良好的家风和家庭观的树立。歌曲曲风活泼、明快，第三乐句中出现了变化音升 fa，短暂离调后马上回到了 C 大调，在歌唱时要注意音准的把握。

2. 歌曲演绎

①分组：将学生分为 A、B 两组，呈同心圆，面对面而坐，A 里圈 B 外圈。

②歌唱 + 音筒 A：第一遍 A 组以音筒（c^1 / g^1）拍地及手拍地动作进行表现，B 组歌唱不做动作。注意音筒与手的动作交替自然，准确踩住节奏点。

③歌唱 + 音筒 B：第二遍 B 组做音筒（f^1 / d^2）传递，A 组歌唱不做动作。B 组在传递过程中要注意音筒在左右手的交换要自然而不慌乱、流畅而不生硬。

④歌唱 + 音筒 A、B：第三遍 A、B 组同时进行音筒游戏，注意倾听其他声部的节奏，感受多声部的节奏层次，两组的速度要保持一致。

3. 伴奏谱例如下

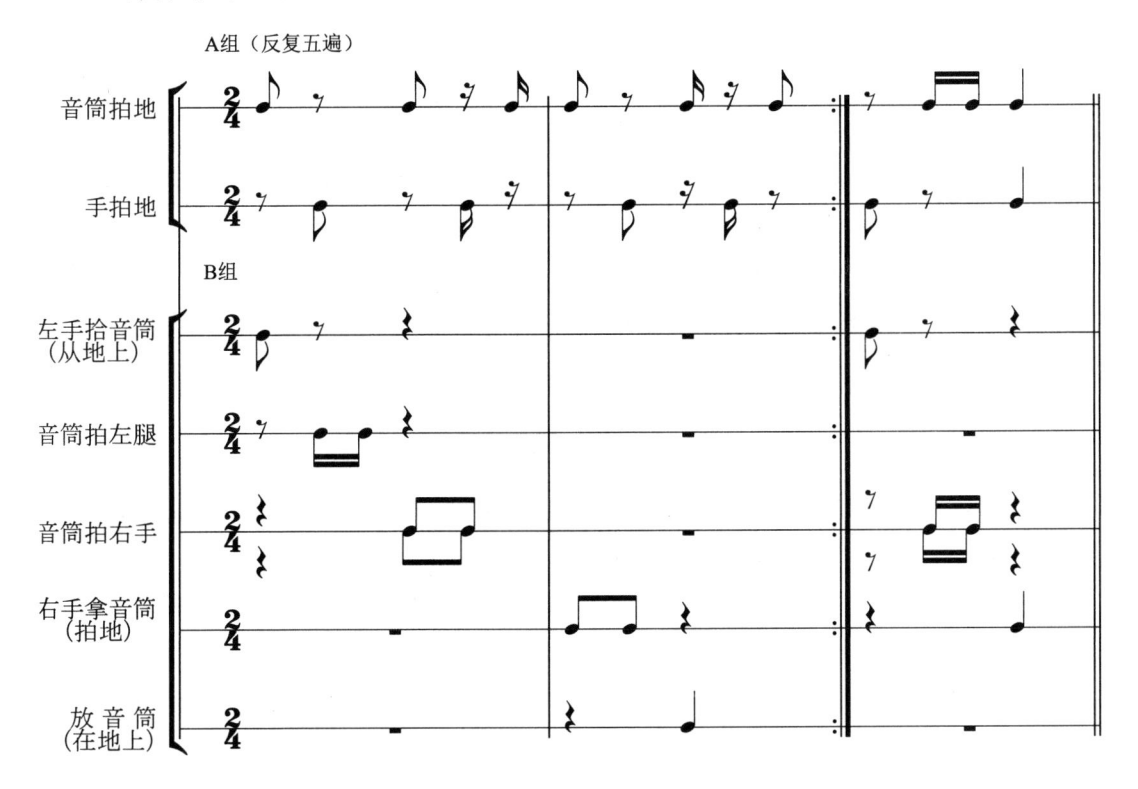

A组（反复五遍）

| 音筒拍地 |
| 手拍地 |

B组

| 左手拾音筒（从地上） |
| 音筒拍左腿 |
| 音筒拍右手 |
| 右手拿音筒（拍地） |
| 放音筒（在地上） |

（设计者：恩施职业技术学院　段红琼）

《采春茶》

教育活动设计

活动目标

1. 了解鄂西南地区的茶文化。
2. 能用欢快、活泼的情绪演唱歌曲。
3. 探索多元化球类音乐活动的形式。

活动准备

弹力球，腕铃，小钟琴，中音钢片琴

☞ 活动过程

1. 学与唱

"茶",蕴含了中华民族传统文化的价值观念和精神追求,鄂西南地区有不同的饮茶习俗,如鹤峰"四道茶"迎客、"泼茶"祭祖、神农溪有"下茶食"和"婚茶"、恩施"油茶汤"等等。鄂西土家人采茶有很多讲究,还有一系列"种茶、采茶、制茶"文化链,如开茶梯、背粪上坡由男子担任,播种、培植茶苗、采摘、炒焙、揉制大多由妇女担任。

本曲为 C 大调劳动类儿歌,七字句式,四二拍子,描述了土家人民采春茶时忙碌而快乐的情景。曲风活泼明快,歌词简单而朴素,音区跨度不大,旋律较为平缓,以欢快、活泼的情绪进行歌唱。

2. 歌曲演绎

①分组:将学生分为 AB 组,散点位站立。

②前奏:中钢演奏四小节作为引子,然后小钟琴进入,铺设欢快、活泼的音乐情境。

③律动 A:第一遍 A 组做律动,跺脚行走时要踩住节拍,同时向下抛球并稳稳接住。

④律动 B:第二遍 B 组跺脚、拍手、向上抛球,以较好的力度控制球的稳定性。

⑤律动 AB:第三遍 A、B 组同时做律动,拍子要整齐,动作有节奏感,稳定而不慌乱。

3. 伴奏及律动谱例如下

(设计者:恩施职业技术学院 段红琼)

《绣荷包》

∽教育活动设计∽

☞ 活动目标

1. 了解土家姑娘"绣荷包"的深刻寓意。
2. 欣赏土家织锦"西兰卡普",进一步感受土家文化。
3. 培养乐器创编与声势创编能力。

☞ 活动准备

手鼓,腕铃,钢琴

☞ 活动过程

1. 学与唱

本曲为 C 大调五字句儿歌,单乐段结构,共有三段歌词,整体音乐情绪欢快、活泼。"绣荷包"是"土家织锦"的一种,属于传统民间工艺,是土家女儿必备技能之一。土家女儿通过绣荷包表达自己的情感,以及对美好事物的追求,一针一线都编织着她们对美好生活的憧憬。"西兰卡普"在土家织锦中知名度最高,即"土家人的花铺盖",图案纹样丰富饱满,包括了自然物象图案、几何图案、文字图案等,色泽鲜艳、生动,在过去土家女儿出嫁时,都要用织布机制作花铺盖作为陪嫁物品。在歌唱时以轻松、活泼的情绪进行表现,钢琴伴奏。

2. 歌曲演绎

①分组:将学生分为 A、B 两组,A 行走,B 盘坐。

②歌词念读:第一遍吟诵歌词并用手鼓伴奏,体验灵动、勤劳的土家女子绣荷包的情景。

③歌唱+A 声势:第二遍 A 组脚带腕铃做拍手与行走声势,表现钥匙叮叮当当的欢快声响,注意肢体动作的协调及节奏掌控,十六分音符要表现的清晰而有动感,边走边歌唱。

④歌唱+A、B 声势:第三遍 B 组声势加入,盘腿而坐,以手拍拳眼、拳眼拍腿,注意动作要衔接自然、放松、协调,与 A 组的速度要保持一致。小切分、十六八节奏型的精准是练习的重难点,手鼓、A 组声势、歌唱保持。

3. 伴奏谱例如下

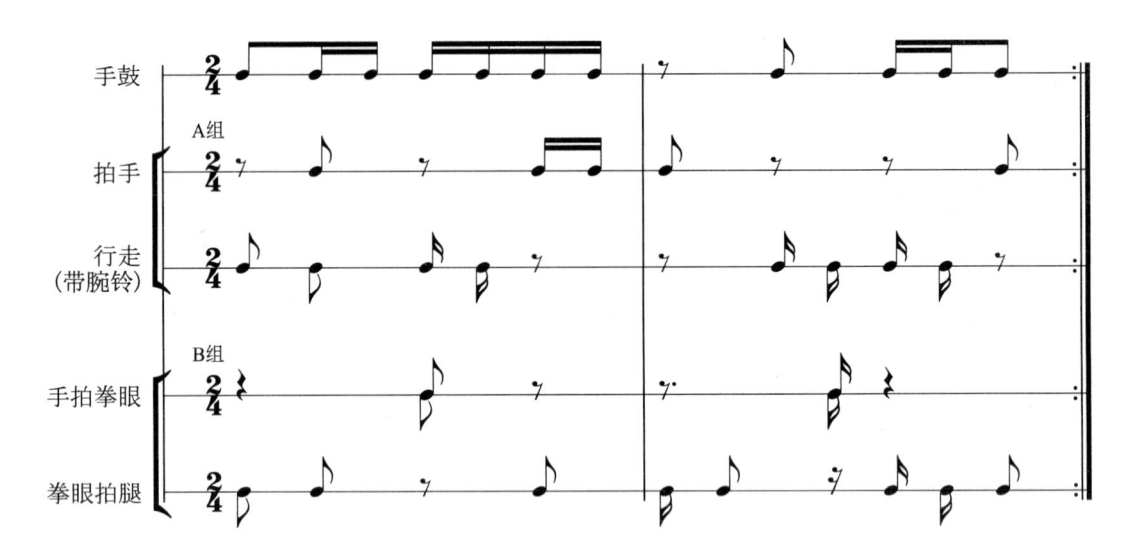

（设计者：恩施职业技术学院 段红琼）

《酒令》

🎵 教育活动设计

☞ 活动目标

1. 了解土家"酒文化"，了解与"酒"相关的典故与歌曲。
2. 能完整、准确、富有表现力地展现歌曲。
3. 能以小组合作的形式进行声势律动。

☞ 活动准备

钢琴，小鼓

☞ 活动过程

1. 学与唱

土家有"摔碗酒"的习俗，即用当地土窑烧制的"土碗"，喝米制成的"米酒"，两口一碗，喝了摔，再斟，图个热闹，摔碎的碗渣用于建筑回填、栽花垫盆等。历史上有很多与酒相关的著名典故，如"鸿门宴"、"杯酒释兵权"，诗词有李白的"将进酒"，歌曲有"干杯，朋友"、"酒干倘卖无"等。

本曲为 G 宫五声调式，四二拍子，共四个乐句，歌词不对仗。以"花"为时间线，表达了读书人历经十年寒窗苦读，终获金榜题名，既表达了艰辛的过程和美好的结局，又突出了土家人特有的"发酒令"庆祝方式。歌唱时为了表现土家汉子的爽朗、豪迈，可以加入跺脚身势进行伴奏，更好地烘托歌曲意境，钢琴伴奏。

2. 歌曲演绎

①分组：将学生分为 A、B 两组，两组呈同心圆面对面站立。

②念读+声势：第一遍 A 组念诵歌词，B 组以嗓音、拍手、跺脚声势，表现出喝酒人高兴、豪爽的状态。

③歌唱+行走声势：第二遍 A 组歌唱并做行走声势，四小节后 B 组进入，原地做声势，与 A 组形成对峙状态。

④歌唱+变化行走声势：第三遍 A、B 组均行走，可向前或向后退，同时速度与力度进行变化，由慢到快，由弱到强，将歌曲推入高潮。注意嗓音伴奏"lu la la"要突出重拍"lu"，同时脚部力度可稍微重一点，与嗓音相互呼应，A 组歌唱主旋律。

⑤伴奏：全曲小鼓以 X X X X | X X X | 节奏型进行伴奏。

3. 声势谱例如下

(1)诵读声势
AB 组

(2)行走声势

A组

[拍手 / 拍腿 / 行走 声势谱]

B组

[嗓音(lu la la)/ 拍手 / 行走 声势谱]

（设计者：恩施职业技术学院　段红琼）

《陪十姊妹》

教育活动设计

活动目标

1. 体验在集体音乐活动中与他人合作的乐趣。
2. 了解土家传统婚嫁习俗"陪十姊妹"的形式与意义。
3. 能创编形式丰富的手指游戏进行歌曲表现。

活动准备

钢琴

活动过程

1. 学与唱

"陪十姊妹"是土家婚俗中重要的礼节，姑娘出嫁前一天，被邀请的九位土家未婚女子围桌而坐，陪新娘唱歌，歌唱内容丰富，形式多样，有对旧制度的抨击，有对未来的憧憬，有对亲情的怀念，有对旧情的抒发等。通常以"十"为主题，如"十唱""十想""十要""十杯酒"等，唱词长短成句，有历代相传的歌曲，也有即兴发挥，大多有押韵，且富有乐感。

本曲为D宫五声调式，四个乐句构成，以吉祥鸟"喜鹊"报喜进行铺垫，引出土家十姐妹相伴的高兴场面。歌唱时以钢琴伴奏，情绪上要充分体现喜事临门、全家乐盈盈的喜庆场景。歌唱形式可多样化，如重唱、对唱、卡农、一唱众和、依曲换词等。

2. 歌曲演绎

①手指游戏：学生呈同心圆而坐，里外圈面对面歌唱，第一遍单人手指游戏，第二遍里外圈双人手指游戏，第三遍多人手指合作游戏。

②动作设计如下：

喜鹊：双手大拇指、十指扣住，3、4、5指展开；

报喜：十指交叉做恭喜动作；

姐儿屋里：双手指尖相对，手掌分开，做屋顶状；

搭歌台：双手掌心以空心状相击，手臂向上慢慢举起；

十朵鲜花：双手掌依次打开；

轮流唱：手背相碰做"挽花"状；

陪姐一夜：双手拳眼上下相击；

乐开怀：双手击掌。

3. 游戏拓展

充分发挥想象力与创编能力，拓展手指集体游戏形式，可换歌曲，同时辅以身势或乐器伴奏，充分调动学生的学习积极性与主动性。

（设计者：恩施职业技术学院　段红琼）

《包粽子》

教育活动设计

活动目标

1. 了解端午节的相关知识。
2. 能完整、流畅、有表情地歌唱。
3. 能用二声部身势为歌曲伴奏。

☞ 活动准备

钢琴

☞ 活动过程

1. 学与唱

"端午节"又称"端阳节""龙舟节",是我国的传统节日之一。本源于上古时期用于祭拜龙祖、祈福辟邪的节日,后有战国时期诗人屈原在五月五日跳汨罗江自尽,后人将此日作为纪念他的节日。划龙舟、挂艾草、吃粽子、放纸鸢等活动是人们过端午的习俗,土家人在端午节前后也会插秧,是全年最重要的劳动时节之一。

本曲为 C 羽五声调式,四二拍子,共有四个乐句,旋律朗朗上口,节奏丰富,歌词押韵,韵脚为"ang"。方言"崽崽"意为"小孩","些舍"意为"这些",字里行间能感受到乡村农忙时节的人间烟火气息,也能感受到父母对孩子宠而不溺的亲子感情。歌唱时以充满忙碌而快乐的情绪进行表现。

2. 歌曲演绎

①分组:将学生分为 A、B 两组,面对面站立。

②歌唱+身势 A:第一遍 A 组歌唱,并做拍手、拍胸、拍腿 5+3 身势伴奏。

③歌唱+身势 B:第二遍 B 组歌唱,并做拍手、拍胸、拍腿 3+5 身势伴奏。

④歌唱+身势 A、B:第三遍 A、B 两组同时做身势并歌唱,注意强调拍手动作,体现节奏的层次感。

3. 身势谱例如下

(设计者:恩施职业技术学院　段红琼)

《做个勤快人》

教育活动设计

活动目标

1. 培养健康的人生观、时间观和生活观。
2. 感受八三拍子的摇摆感和不平衡感。
3. 培养多声部的感知及听觉能力。

活动准备

钢琴

活动过程

1. 学与唱

本曲为 F 大调七字句式儿歌，八三拍子，共有五个乐句，第一乐句告诫世人在年轻时要多学知识，不要贪玩；第二乐句"二十七八"时思想各方面趋于成熟，要多"思考"，定目标；第三乐句"三十七八"时人的记忆力、学习能力各方面都不再占有优势，已经开始"退化"；第四乐句表达了如果年轻时努力，到"四十七八"时，才会不落难。歌词通俗易懂，劝诫性较强，节奏轻快、活泼，舞曲风格，音多且转换较快，音准练习是本曲的重难点。通过学习，树立珍惜时间、珍惜当下的良好品质。

2. 歌曲演绎

①分组：将学生分为 A、B 两组，A 里 B 外呈同心圆站立，A 组面朝右边行走，B 组面朝左边行走。

②歌唱 + 律动：第一遍 A 组歌唱行走辅以拍手、顺转圈、逆转圈，第二遍 B 组行走并拍手、顺转圈、逆转圈，第三遍 A、B 组同时行走，动作同前。

③律动要点：律动及节奏要保持高度精准，干净利落，避免杂乱，同时要兼顾转圈时脚下的步伐，顺转半圈，逆转半圈，时刻保持良好的协调感与速度感，注意反复记号。

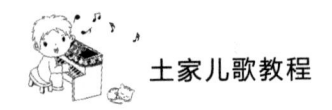

3. 律动谱例如下

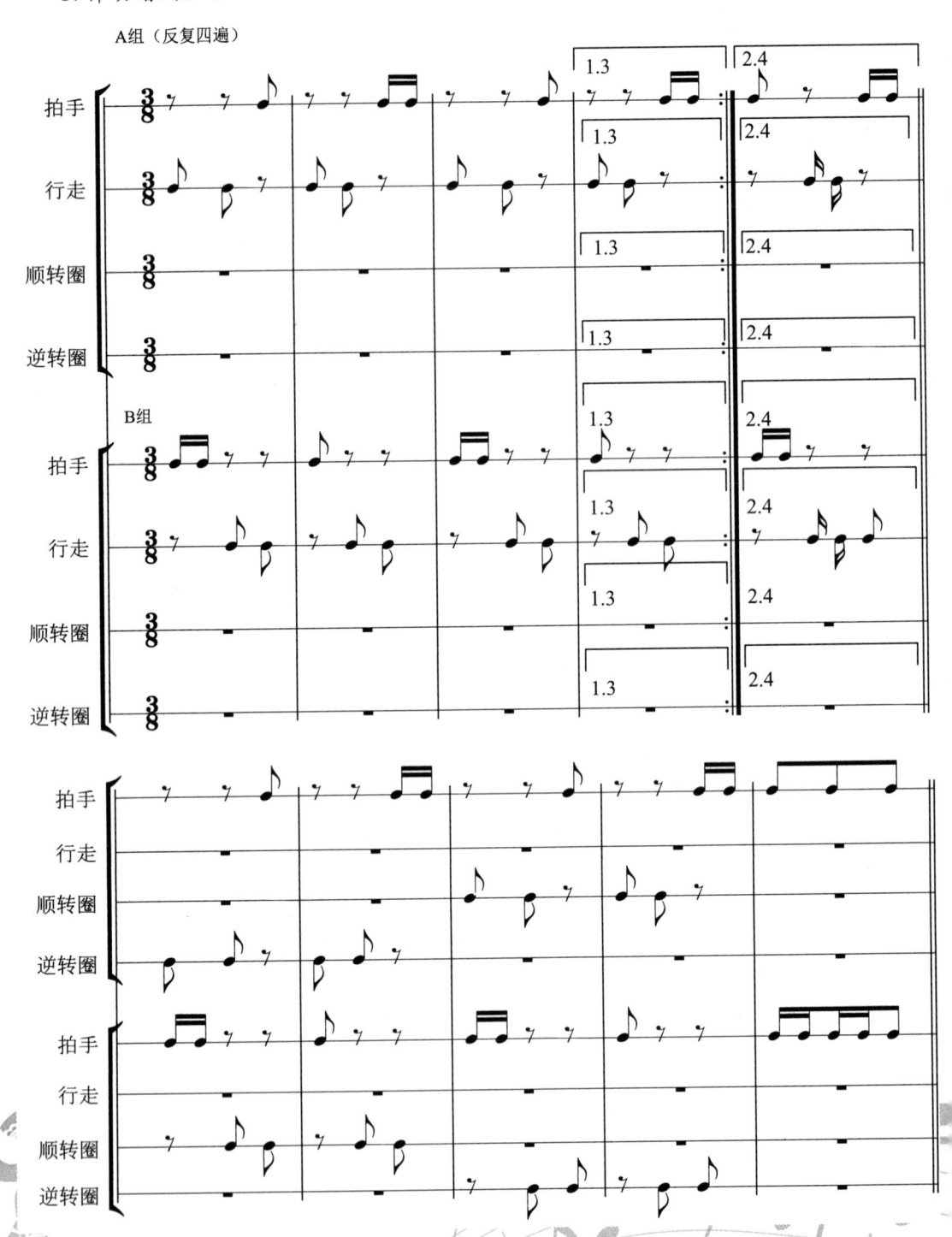

A组（反复四遍）

B组

（设计者：恩施职业技术学院 段红琼）

《惜时歌》

教育活动设计

活动目标

1. 感知并理解歌词内涵，树立良好的时间观。
2. 在歌唱律动中内化理解音乐概念性知识。
3. 探索多种律动形式，培养整体性音乐思维。

活动准备

钢琴

活动过程

1. 学与唱

本曲为 D 大调七字句式儿歌，八三拍子，舞曲风格，由两个变化重复型乐段构成。以时间为主线，告诫世人要珍惜每一分每一秒，当下即"火烧眉毛"的时候，都是生命中无比重要的时刻。歌词韵脚为"an"，曲调平缓，节奏摇摆不平衡。歌词中"拐哒"为土家方言，为"不得了"之意。通过夸张的表达，劝诫人们要珍惜时间，不要随意浪费。

2. 歌曲演绎

①分组：将学生分为 A、B 两组，呈同心圆，A 组在外圈，腿朝外平躺在地，B 组在里圈，面朝里盘腿而坐。

②律动 B：第一遍 B 组先做拍地节奏，保持稳定的速度。

③律动 A：第二遍 A 组做屈膝、平膝、打开（收）手臂，动作要整齐、舒展、干净，并具有一定的艺术性。

④律动 AB：第三遍 A、B 组同时做律动，立体感知动作与伴奏此起彼伏的美好画面。

3. 律动谱例如下

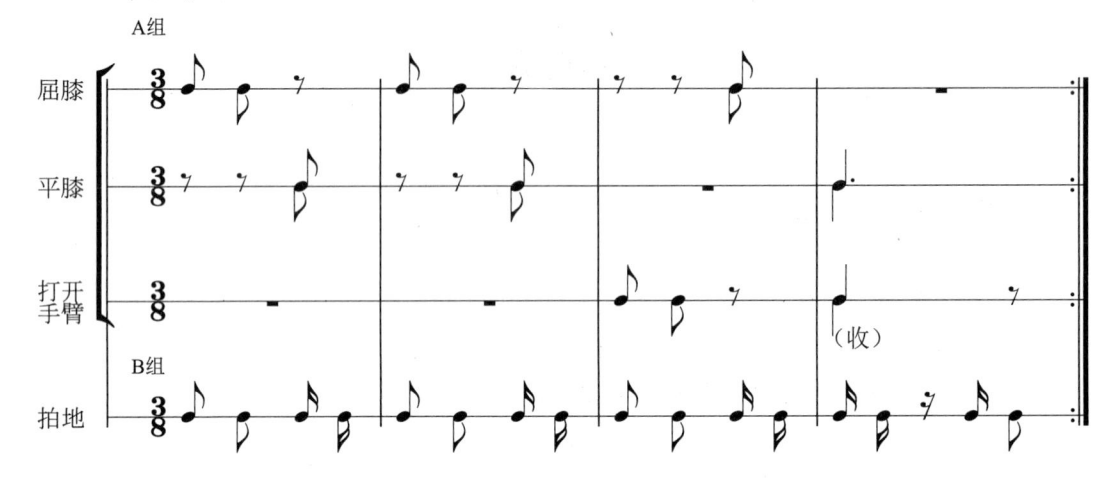

屈膝 / 平膝 / 打开手臂 （A组）

拍地 （B组）

（设计者：恩施职业技术学院　段红琼）

《做事难》

教育活动设计

活动目标

1. 树立脚踏实地的学习、工作、生活作风。
2. 了解音筒活动的创编要点。
3. 能用散响类、木质类打击乐器为歌曲伴奏。

活动准备

音筒，双响筒，刮胡，沙蛋。

活动过程

1. 学与唱

本曲为D大调儿歌，四二拍子，共有四个乐句，曲风活泼、旋律简洁，歌词含义丰富，"包子""饺子""绣花"虽看起来容易，做起来却很见功夫。通过歌曲告诫人们不能"眼高手低"，不能只看事物表面，应该透过现象看本质，做事要脚踏实地、勤奋务实。歌词中方言"这门大"表示"这样大"。歌唱时以活泼、欢乐的情绪进行表现。

2. 歌曲演绎

①分组：将学生分为A、B、C、D四组。A组持音筒Ⅰ（d^1/a^1），B组持音筒Ⅱ（$a^1/$

e^2），C组持音筒Ⅲ（g^1/d^2），D组为打击乐组。

②引子+前奏：双响筒以四分音符为一拍，击打四拍作为引子，然后D组刮胡、双响筒、沙蛋节奏进入，演奏四小节作为前奏。

③歌词念读+打击乐：第一遍念读歌词，D组打击乐节奏保持。

④歌唱+音筒+打击乐：第二遍歌唱活动，A、B、C三组音筒全部进入，A组伴奏1—4、16小节，B组伴奏5—8、11—12、15小节，C组伴奏9—10、13—14，打击乐伴奏保持。

3. 伴奏谱例如下

（设计者：恩施职业技术学院　段红琼）

《回娘家》

教育活动设计

活动目标

1. 培养关爱家庭、珍惜家庭的良好品质。
2. 了解一定的土家习俗，理解歌词中方言的含义。
3. 能运用多样化的表现手段展现音乐。

活动准备

腕铃，双响筒，低音木琴，高音木琴

☞ **活动过程**

1. 学与唱

歌曲描述了已身为母亲的女儿带着孩子回娘家诙谐而有趣的场景。"面条和粑粑"是土家传统过节或探亲的必备"礼物"。"粑粑"指"糍粑",是土家人为迎新年,家家互相帮忙制作的一种食物,上等糯米煮熟后,由两个人用粑杵舂成泥状,然后"揪坨、压扁、调圆",最后用模具印上"囍""春"或花草样式,寓意"花好月圆""团团圆圆""喜事临门"。

本曲为 C 宫五声调式七字句儿歌,一段体结构,共四个乐句,歌曲情绪轻快、活泼,既体现了女子的高兴与期待,又塑造了鸡飞鸭跳的有趣画面,演唱时可用高音木琴伴奏,以更好地烘托歌曲场景。

2. 歌曲演绎

①引子 + 前奏:将腕铃带在脚腕上,以四分音符为一拍中速原地跺脚,四小节后双响筒节奏进入。清脆的腕铃声与诙谐的双响筒音色相互映衬,塑造出诙谐、欢快的音乐场景。在四小节后低木、高木进入,以适中的力度和速度表现鸡飞鸭跳的有趣场面,演奏四小节。

②歌唱活动:前奏四小节后歌唱声部进入,宽泛、紧密的节奏型交替进行,注意速度的把控,稳而不抢。在此环节可加入角色扮演,如模仿动、静态的人或物,让歌曲表现更加生动有趣。

③演绎要点:注意各声部进入的顺序,聆听多声部音响效果,拍子整齐,节奏错落有致,运用力度、速度的变化表现歌曲起伏。整体既要塑造鸡飞鸭跳娃娃哭笑的有趣场面,更要体现忙中不乱、从容应对的土家贤惠女性形象。

3. 伴奏谱例如下

（设计者:恩施职业技术学院　段红琼）

《关雎》

❧ 教育活动设计 ❧

☞ 活动目标

1. 能用较好的音准与情感表现二声部合唱。
2. 能自然、协调的将行走与拍腿动作进行表现。
3. 培养综合音乐感，体验合唱与声势结合的音乐效果。

☞ 活动准备

低音钢片琴

☞ 活动过程

1. 学与唱

本曲为 C 大调七字句儿歌，共有四个乐句，歌词表现了勤劳又爱美的土家姑娘自己做鞋自己穿的美好场景，歌唱时要带着期盼美好的情绪进行表现，注意音乐的流动感，强弱处理要合理。

2. 歌曲演绎

①单声部歌唱：第一遍用悠长的低音钢片琴轻轻击打双音引入，四小节后主旋律歌唱声部进入，以三拍子的脉动中速进行表现。

②二声部合唱：第二遍伴唱声部进入，以圆润、饱满的语气词"啊"进行旋律化演绎，支撑与烘托主旋律的进行，避免音乐过于单薄。

③合唱＋声势：第三遍拍腿与行走声势动作进入，右手拍右侧腿行走歌唱，让音乐在流动的空间中荡漾。

3. 伴唱（奏）谱例如下

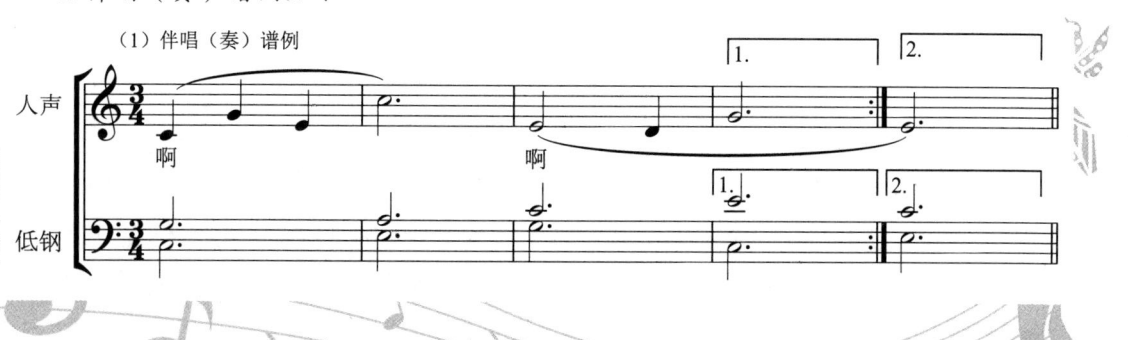

(1) 伴唱（奏）谱例

（2）声势谱例

（设计者：恩施职业技术学院　段红琼）

《马桑树儿马桑枝》

教育活动设计

活动目标

1. 理解歌曲内涵，了解借物寓人的创作手法。
2. 感受八六拍子律动与强弱更替规律，掌握相关概念性知识。
3. 体验互动式音乐游戏的乐趣。

活动准备

钢琴，腕铃

活动过程

1. 学与唱

本曲为C大调七字句儿歌，八六拍子，舞曲节奏，歌曲环境清爽、干净而活泼，给人以非常舒适之感。歌唱时腕铃可以随钢琴加入即兴演奏，创设灵动、愉快的歌曲意境。

2. 歌曲演绎

①分组：将学生分为A、B组，面对面站立。

②歌词念读：第一遍A、B组念读歌词，B组手带腕铃即兴摇手腕，创设音乐情景。

③歌唱+行走：第二遍A组以八六拍子行走并做自拍手、互拍手动作，B组在原地做动作，歌唱同时进行。

④歌唱+反向行走：第三遍A组反方向行走并做相应的动作，B组仍在原地摇铃、转圈。注意在所有的对拍动作中不要慌乱，与伙伴动作配合默契，要体现拍子的规整，歌唱保持。

3. 律动谱例如下

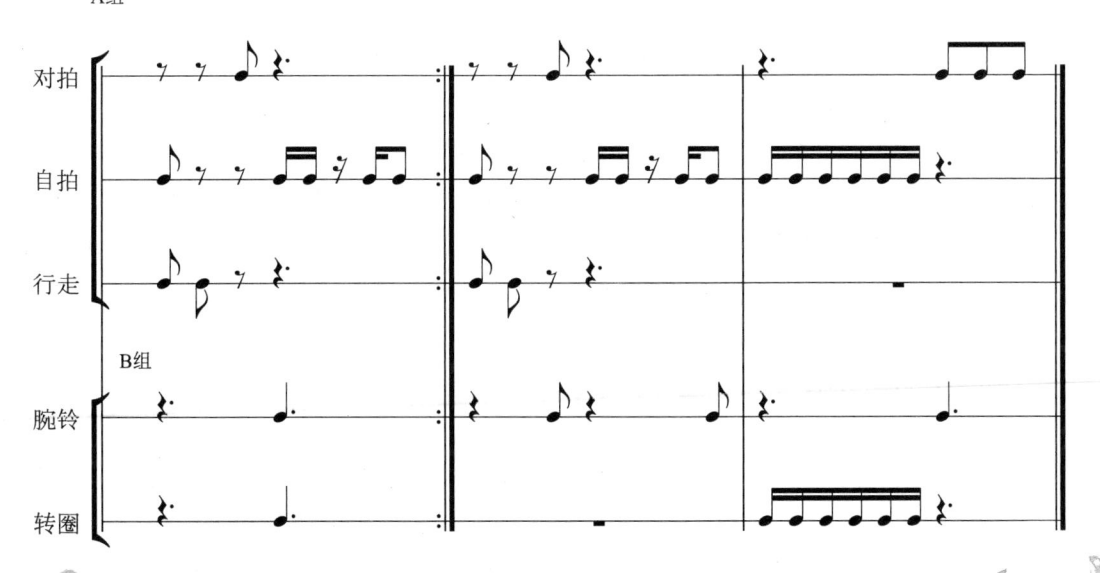

（设计者：恩施职业技术学院　段红琼）

《摇篮曲》

❧ 教育活动设计 ❧

☞ 活动目标

1. 培养知父母恩、感父母恩、报父母恩的优良品质。
2. 能完整且充满感情地展现歌曲。
3. 探索多种乐器组合伴奏，并能运用于实践。

☞ 活动准备

低音钢片琴，串铃

☞ 活动过程

1. 学与唱

本曲为 C 徵五声调式五字句儿歌，四四拍，一段体结构，共有四个乐句。歌词中有大量的无意义语气助词，如第一乐句完全由衬词构成，展示了原生态土家歌曲即兴与生活化的表现形式；二、三、四乐句中加入了衬字"哟"，以形成工整的五字句结构，无特殊含义。歌唱时用轻柔、温暖的声音进行表现，低音钢片琴慢速、柔和而稳定地诉说，塑造一位年轻妈妈哄宝宝睡觉的温馨场景。在音乐知识之外，进一步进行知父母恩、感父母恩、报父母恩的伦理道德教育。

2. 歌曲演绎

①引子：低音钢片琴以中速、轻柔的力度演奏四小节，塑造宁静、温和的音乐场景。

②歌唱活动：四小节后主旋律、伴唱、串铃声部同时进入，维持轻缓、稳定的音乐环境。伴唱声部以松弛、柔和的音色进行和声支撑，发声状态、气息控制及节奏的把控是重难点，注意气口转换要及时且自然，不抢不拖；低钢与串铃的四拍要饱满、匀速且稳定，在心中默数拍，以保证声部的整齐。

3. 伴奏谱例如下

（反复三次）

（设计者：恩施职业技术学院　段红琼）

《上学歌》

教育活动设计

活动目标

1. 培养珍惜亲情、尊重亲人的优良品质。
2. 培养音乐听觉能力与身体协调能力。
3. 通过传递音筒游戏，培养团队协作能力。

活动准备

音筒

☞ **活动过程**

1. 角色扮演

弟弟兴高采烈地拿着新打的剪刀到姐姐家探亲,姐姐热情招待并挽留弟弟住下,但弟弟不得不回家上学。角色以方言进行对话,真实地展现出了姐弟之间的深厚感情。

2. 学与唱

本曲为 F 大调对白式儿歌,四二拍子,歌词结构不规整,音区较高,节奏密集,音域跨度较大,情境性较强。第一乐句表现了弟弟急切地想见到姐姐,第二乐句表现了姐弟难舍难分、相互尊重,第三、四乐句描述了你留我推的场景。方言"忙么事"意为"忙什么事","二回"意为"下次","学"读"xuo"(二声)。歌唱时要表现出作品的故事性及情感性,使音乐更加生动、有趣。

3. 歌曲演绎

①分组:学生分为 A、B 两组,围地而坐,A 组拿 c^1、e^1、g^1 音筒,B 组手持 a^1、c^2、e^2 音筒。

②敲击音筒:第一遍分组分小节原地敲击音筒,1-4 小节 A、B 组同时演奏,5-10 小节 B 组演奏,11-16 小节 A 组演奏,动作设计为拍地、拍腿、拍手。

③顺传音筒:第二遍 A、B 组同时进行,顺时针传递音筒。

④逆传音筒:第三遍 A、B 组同时进行,逆时针传递音筒。

4. 游戏拓展

可在二声部的基础上进行三声部或四声部音筒游戏体验,感受不一样的节奏、音高相互碰撞的音响效果。

5. 动作谱例如下

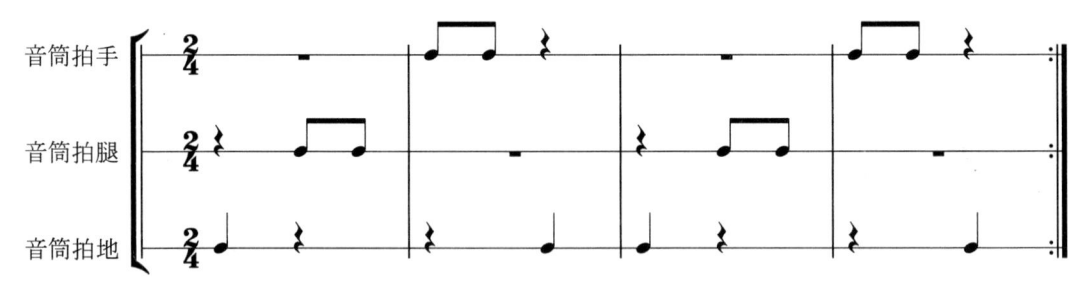

(设计者:恩施职业技术学院 段红琼)

《摇娃歌》

✿ 教育活动设计 ✿

☞ 活动目标

1. 感受并体验深沉而朴素的母爱。
2. 感知原生态土家民歌的特点。
3. 通过合唱，培养良好的音准感与和声感。

☞ 活动准备

雨声筒

☞ 活动过程

1. 学与唱

本曲为原生态土家儿歌，B 商五声调式，四三与四二混合拍子，由两个重复型乐句构成，宽泛、紧密的节奏相互交替，歌词朴实无华，随意性、即兴化较明显，描述了一位年轻母亲正在哄宝宝睡觉的温柔场景。衬词"哎"以轻轻的呼喊表现出母亲无尽的爱意，以轻柔、宠爱的语气进行歌唱，雨声筒可从头到尾进行伴奏，更加烘托歌曲意境。（注："幺儿"意为"儿子"）。

2. 歌曲演绎

①引子：雨声筒先行演奏四小节作为引子，慢慢转动，创设淅淅沥沥的雨声景况，注意控制速度及力度，尽量匀速。

②单声部歌唱：第一遍主旋律在引子演奏四小节后进入，以较随意、自然轻柔的声音歌唱，塑造一位温柔、贤良的母亲形象。歌曲音区较高，尽可能以高位置的轻声歌唱状态进行。节奏较为随意，速度缓慢，歌词对位不工整，需要悠长的气息支撑。

③二声部合唱：第二遍伴唱 I 以哼鸣方式进入，口腔保持打开的状态，以较高的发音位置进行哼唱，主旋律及雨声筒保持。

④三声部合唱：第三遍伴唱 II 以反方向音高进入，前面所有声部保持。注意本曲是二拍子与三拍子的混合拍结构，拍子要保持准确，换气口自然。和声是本曲的灵魂，分声部音准训练是建立良好和声的基础。

3. 伴唱（奏）谱例如下

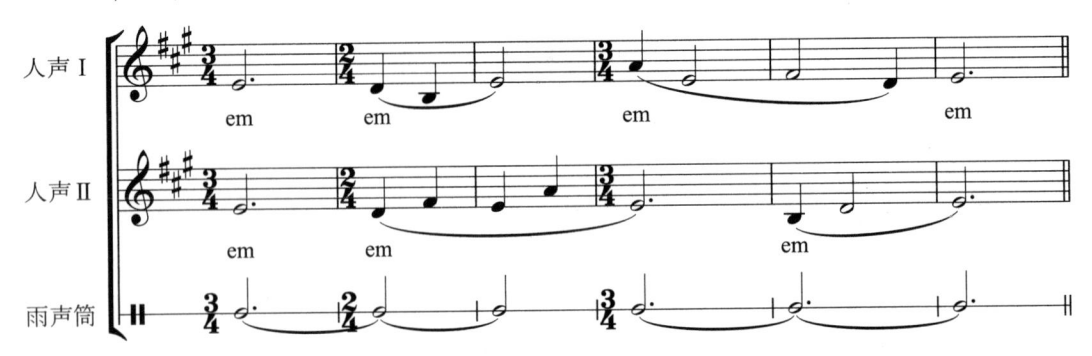

（设计者：恩施职业技术学院　段红琼）

《你唱我听》

教育活动设计

活动目标

1. 感受球类音乐活动的乐趣。
2. 理解 D 大调与 C 大调的关联与异同。
3. 了解球类音乐活动的形式与特点，并能创造性运用。

活动准备

钢琴，弹力球

活动过程

1. 学与唱

本曲为 D 大调七字句儿歌，一段体结构，共四个乐句。旋律流动性较强，歌唱时要避免出现顿拍、不连贯，以充满期盼、向往美好的情绪进行表现，钢琴伴奏。注意 C、D 大调的联系与异同，C 大调以 C 为主音，无变化音，D 大调以 D 为主音，变化音为 #f、#c，二者的音阶结构均为"全全半全全全半"。

2. 歌曲演绎

①分组：将学生分为 A、B 组，呈同心圆里外圈面对面而坐，A 在里 B 在外。
②左右滚球：第一遍 A、B 组各自往右手方向进行滚动传球，每四小节反方向滚动，注意控制滚球的速度与方向，三拍要填满。

③正面+斜对面滚球：第二遍A、B组面对面滚动传球，每四小节往右斜方向滚动一次，注意两个球要错开一些，避免相撞。

④向下抛球：第三遍A、B组在每个乐句的第一、二小节面对面往地面抛球，弹力球在地上连弹两拍，第三拍对面同学接住；三、四小节往右斜方向来回往地面抛球，同样球在地上连弹两拍，第三拍接住，如此反复。

3. 活动拓展

探索球类游戏的更多形式，如围坐玩球、双人玩球、集体玩球，以动态、静态、单双多人形式进行游戏，旋律、节奏、力度、速度上均可以做适当改变，尽可能的展现多种音乐元素。

（设计者：恩施职业技术学院　段红琼）

《太阳落坡》

教育活动设计

活动目标

1. 了解本曲的表达形式与内涵。
2. 掌握滑音与延长音的表现方式，理解在歌曲中的色彩需要。
3. 掌握竖笛的演奏方法与技巧。

活动准备

低音钢片琴，竖笛

活动过程

1. 学与唱

本曲为A羽五声调式七字句儿歌，两个乐句组成，通过借物寓情的形式传达歌唱者低落、悲伤的情绪，这种创作方式在土家歌曲中很常见，如《马桑树儿马桑枝》《六口茶》等。自由延长下滑音"la"也体现了主人公低沉、灰暗的心绪状态，以往下叹的方式进行歌唱。

2. 歌曲演绎

①引子+前奏：首先低钢演奏四小节引入，创设夕阳西下的故事情景。注意以放松的手腕姿态，较轻柔的力度有弹性地中速敲击，双音二拍时值掌控要精准，不能抢拍。四拍后竖笛前奏进入，单薄流动的旋律更加烘托"太阳落坡"的落寞情景，注意气息的

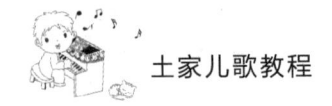

支撑，音准及节奏的准确把握是训练重难点。

②方言诵读：第一遍先进行方言诵读歌词，朗诵节奏与曲调节奏一致，注意"河"念"huo"（二声），"哥"念"guo"（一声）。

③歌唱活动：第二遍歌唱声部进入，后附点及滑音的处理要自然、放松，延长音的时值把握要恰到好处，不抢不拖。在演唱时，既要体现少数民族地区高亢、明亮的音色，又要对歌曲进行细腻的处理，以体现主人公低落的情绪。

3. 伴奏谱例如下

（设计者：恩施职业技术学院　段红琼）

《搭高台》

教育活动设计

活动目标

1. 培养感恩父母、珍惜亲情的优秀品质。
2. 能够用不同类型的打击乐器进行音乐表现。
3. 能用肢体动作准确地表现歌曲脉动。

活动准备

三角铁，响棒，手鼓

活动过程

1. 学与唱

本曲为D大调七字句儿歌，一段体结构，共三个乐句，音乐情绪低落、忧伤，表达了女子对娘家满满的回忆与不舍。歌唱时可进行缓慢行走，更有利于激发情绪的宣泄与表达，整体以较慢的速度进行表现。第一乐句情绪最为伤感，好像要落泪一般；第二乐句情绪稍显激动，仿佛回到了家，看见了熟悉的景象；第三乐句表达了男女平等的思想，身为女儿也同样能干，父母亦能为之骄傲。

2. 歌曲演绎

①行走活动：以较缓慢的速度前后行走，辅以拍手动作表现歌曲脉动。

②三角铁+行走：第一遍听三角铁节奏，以四分音符为一步随意行走，方向不做设定，尽可能前后左右均有。

③三角铁+响棒+行走：第二遍响棒节奏进入，身体加入后退动作，三角铁保持。注意脚步不要慌乱，轻轻往后退一小步即可，在下一拍行走时可以换方向，将空间填满。

④三角铁+响棒+手鼓+行走：第三遍手鼓节奏进入，在行走、后退的基础上加入拍手，身体与空间的协调性是训练的重难点。节奏方面，响棒的弱位弱拍比较难把握，以哼唱紧跟旋律，防止抢拍或拖拍。

3. 伴奏谱例如下

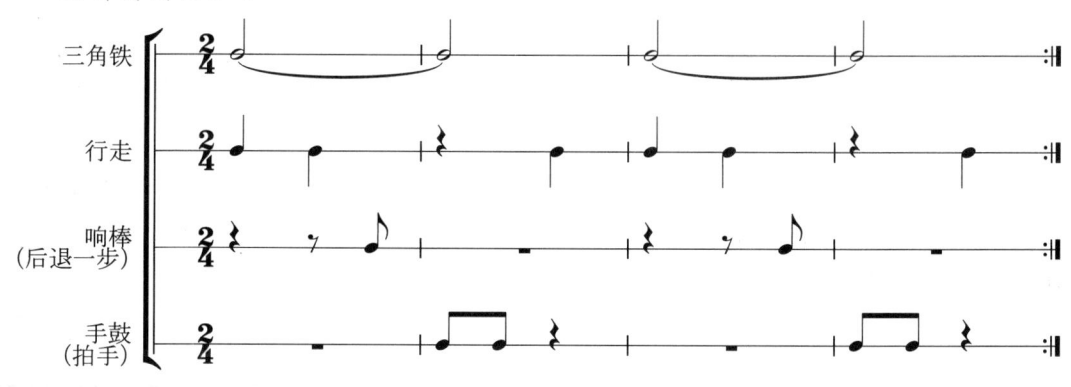

（设计者：恩施职业技术学院　段红琼）

《闹一更》

教育活动设计

活动目标

1. 感受和谐、有爱的家庭氛围，培养珍惜亲情、知恩感恩的家庭观。
2. 能准确表现歌曲的情绪及意境。

3. 体验多样化脚部声势，培养音乐创造能力。

☞ *活动准备*

手鼓，刮胡

☞ *活动过程*

1. 学与唱

本曲为 D 大调儿歌，四二拍子，节选自歌谣"闹五更"，歌词不对称，描写了母女在"一更"时的有趣对话。一共四个乐句，第一、二乐句描写了月朗星稀的晚上，屋外面出现奇怪的"叫声"，第三乐句是母女问答，第四乐句表达了对"蛤蟆叫声"持续了两个小时的无奈。衬字（词）较多，多为连接词或语气助词，在歌曲中起到了良好的烘托作用。歌曲节奏与歌词较为密集，曲风活泼，速度轻快，故事画面感较强，歌唱时音准与情绪把控是重难点。通过歌曲体会母女间和谐、有爱的亲子关系。

2. 歌曲演绎

①引子：由刮胡模仿蛙鸣，以四分音符为一拍中速刮奏八拍，塑造夏夜乡村月朗星稀、蝉叫蛙鸣的热闹场景。

②前奏：八拍后手鼓与刮胡节奏同时进入，奠定全曲节奏基石，注意手鼓后半拍节奏进入要准确，十六分音符速度保持稳定。同时，刮胡的刮奏与敲击节奏要清晰而连贯，用两种演奏方式模仿青蛙鸣叫与跳跃的情景。

③歌唱+声势：四小节后歌唱与脚部声势进入，并以充满快乐、活泼、诙谐的情绪进行歌唱。歌曲虽短小，但歌词较为密集，母女对话较多，人物形象丰满，歌曲表现要有情境性，但把控要适度。

3. 伴奏及声势谱例如下

（设计者：恩施职业技术学院　段红琼）

《抢龙尾》

教育活动设计

活动目标

1. 体验并了解传统土家幼儿游戏的形式与特点。
2. 了解声势创编的基本要点。
3. 能创编不同的声势组合进行歌曲表现。

活动准备

小鼓

活动过程

1. 学与唱

土家幼儿游戏种类繁多，形式丰富，如翻豆腐、撞蛐蛐儿、打板、跳房子、跳皮筋、跳山羊、挑棍棍、滚铁圈、铲疙瘩、捉羊丁丁儿等，都极富地方特色，充满了童趣。"抢龙尾"类似于"老鹰捉小鸡"，抢龙人站在"龙"的前面，"龙"由小孩排成长队，每个人都捉住前面人的衣角，构成"龙头""龙身""龙尾"三部分，抢龙人喊口令并出其不意地捉住"龙头"外的部位，被捉到的人即出队伍，游戏继续，一直到"龙"被抢完为止，最后一个被抢的人成为下次游戏的"抢龙人"。

本曲为 b 小调，一段体曲式，共三个乐句，第一、二乐句歌词对仗工整，从歌词可以直观地揣测游戏形式，以"抢"为核心，游戏激烈而有趣。歌唱时可采用一唱众和的形式，衬词用"和"进行表现，体现出同心协力、共同进退的集体感。

2. 歌曲演绎

①分组：将学生分为 A、B、C 三组，A、B 组面对面站立，分别为"抢龙人"与"龙"的角色，C 组为歌唱组盘坐于地。

②歌唱活动：第一遍小鼓以四分音符为一拍中速引入，四拍后 C 组进入歌唱，A、B 组唱衬词"呀吙嘿，呀吙嘿"，在力度上形成对比，体现"抢龙"的激烈程度。

③歌唱+声势：第二遍 A 组先做拍手与跺脚声势，两小节后 B 组身势进入，从下到上依次为跺脚、拍腿、拍臀、拍胸、拍手，注意 A 组动作可保持，C 组歌唱主旋律。

3. 声势谱例如下

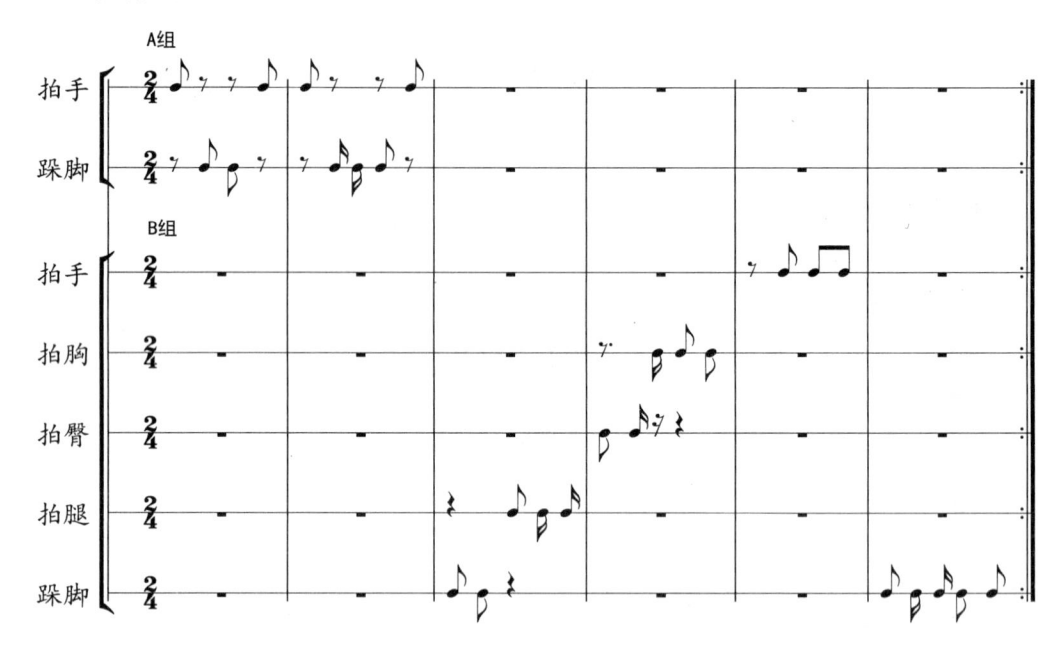

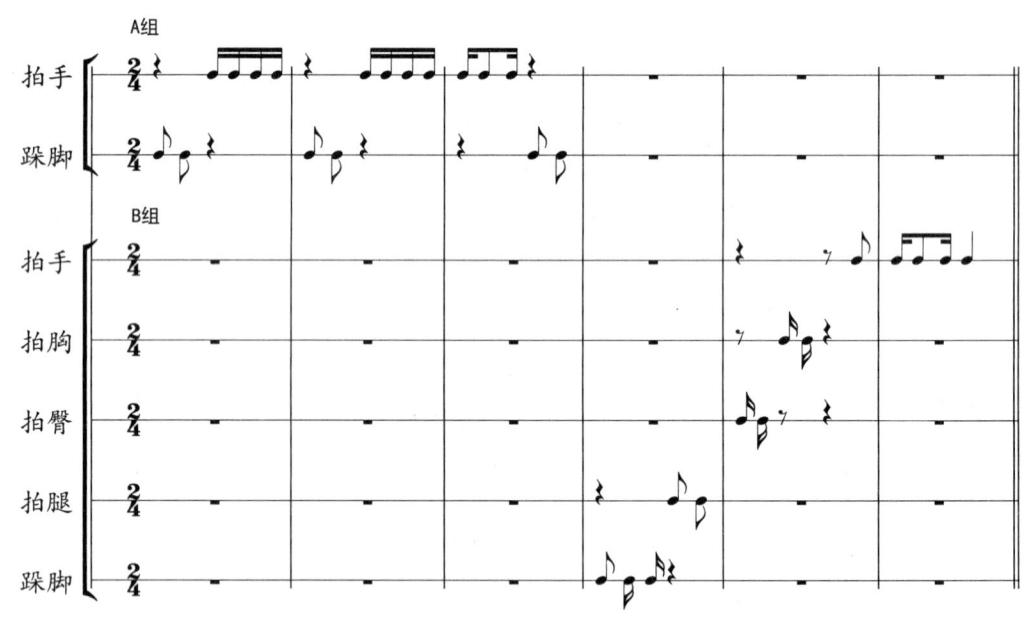

(设计者：恩施职业技术学院　段红琼)

《小小鱼儿》

教育活动设计

活动目标

1. 培养热爱自然、热爱生活的健康生活观。
2. 掌握基本的生活常识，树立正确的劳动观念。
3. 掌握歌曲的多样化表现方式。

活动准备

雨声筒，高音木琴，中音木琴

活动过程

1. 学与唱

本曲为 C 大调七字句儿歌，由两个乐句构成。以纪实性的手法描写了年轻小伙子在清澈的小河里捉鱼，想品尝美味却又没有做饭经验，不敢架锅煎鱼的有趣场景。当代很多年轻人跟歌曲中的小伙子一样，缺乏基本生活经验，在教学中可以借此通过视频普及做饭的基本步骤，让音乐课堂与实践课堂相结合，培养正确的劳动观念和动手能力。课后上传做饭视频至学习通 App 检验真实性，最后通过分享美食，进行小组评价。

在歌唱时以欢快、活泼的情绪表现，注意十六分音符气息与音准的把握，每个乐句可用跳音与连音的歌唱形式进行表现，更加符合音乐情绪。节奏密集，速度欢快，注意吐字清晰；可用高音木琴进行即兴伴奏，更易进入歌曲的情绪状态。

2. 歌曲演绎

①引子：雨声筒先进入四小节，表现流动的小溪，同时中木与高木组用琴锤把部分随意敲击琴键，塑造活蹦乱跳的鱼儿形象。

②前奏：四小节后高音木琴进入，创造欢快、灵动的音乐氛围，音区跨度较大，需要多加练习。

③歌唱活动：高木演奏四小节后歌唱声部与中音木琴同时进入，欢快的歌声与中木表现的小鱼儿形象相互呼应，快乐跃然而出。

3. 伴奏谱例如下

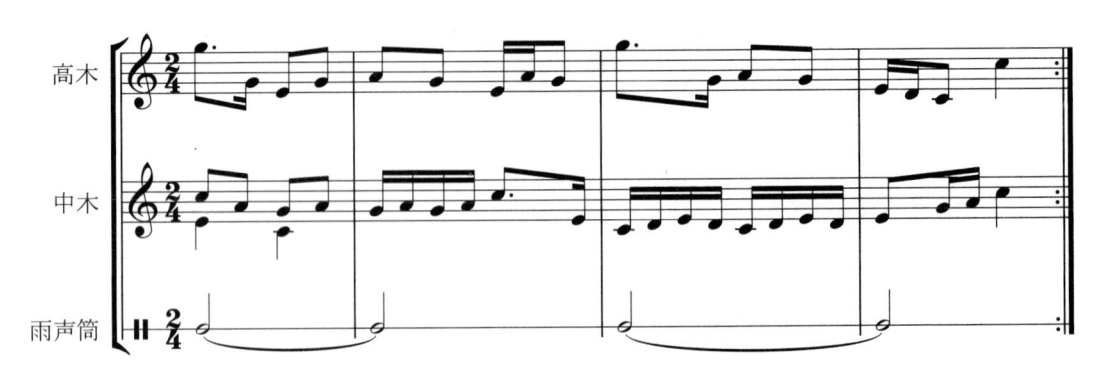

高木

中木

雨声筒

（设计者：恩施职业技术学院　段红琼）

《那边高，这边高》

教育活动设计

活动目标

1. 了解土家幼儿游戏"翻豆腐"。
2. 掌握音条琴演奏技巧，并能运用于实践。
3. 培养多声部音乐听觉能力。

活动准备

小钟琴，高音木琴，新疆鼓，钢琴

活动过程

1. 学与唱

"翻豆腐"是传统土家幼儿游戏，两人面对面站立，四手相拉，举过头顶，身体以顺时针、逆时针进行翻动，同时进行一问一答。

本曲为C大调转a小调，属关系大小调，四三拍子，共三个乐句，第一乐句由连续音阶二度下行构成，歌唱时以轻跳音进行表现。

2. 歌曲演绎

①游戏探索：首先教师引导学生创造游戏场景，两人一组进行"翻豆腐游戏"，在游戏中体会三拍子的律动感，钢琴伴奏。

②歌唱活动：第二遍加入乐器伴奏，高音木琴先进入，四小节后新疆鼓进，再四小节后小钟琴与歌唱声部进入。注意伴奏要始终保持匀速，以适中的力度烘托歌曲欢快、活泼的情绪，钢琴伴奏终止。

3. 伴奏谱例如下

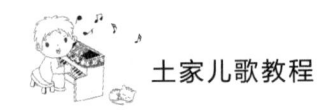

(设计者：恩施职业技术学院　段红琼)

《咚咚喹》

教育活动设计

活动目标

1. 了解土家族咚咚喹乐器的来历。
2. 了解咚咚喹儿歌的音乐特点。
3. 培养身体协调性及与他人合作的能力。

☞ *活动准备*

铃鼓

☞ *活动过程*

1. 学与唱

"咚咚喹"是土家单簧竖吹乐器，亦称"呆呆哩"，土家语称"早古得"，由骨哨和鸟哨发展而来，有三孔、四孔咚咚喹，音列分别为 g c^1 d^1 e^1 \ g c^1 d^1 e^1 g^1。有固定的标题，如"巴涅咚咚喹""利利拉拉咚咚喹"。第三孔可以演奏各种装饰音，主要有打音、倚音和颤音等演奏技巧，音色清脆、欢快，广受土家族妇女、儿童的喜爱。

本曲为 F 宫五声调式，在原咚咚喹的歌曲结构上稍作了些改编，由三个不完全重复乐句构成，音列为近腔音列 c^1 d^1 e^1，音域窄，旋律简单。颤音要自然、放松，每个乐句的"咚咚喹"可以用跳音接连音的歌唱方式进行，表现幼儿无忧无虑、天真烂漫的状态，以铃鼓伴奏。

2. 歌曲演绎

①分组：将学生分为 AB 两组，以同心圆里外面对面站立。

②交叉步 + 跺脚：第一遍以交叉步及跺脚动作随歌曲轻巧的左右移动，每四小节换一次方向。

③互拍手 + 交叉步：第二遍在左右交叉步的基础上加入互拍手动作，每四小节换一次方向。

④互踢 + 跺脚 + 换位：第三遍进行互踢、跺脚与换位动作，注意动作要轻巧、灵动。

⑤伴奏：从头到尾铃鼓进行拍、摇伴奏。

3. 伴奏及律动谱例如下

（1）伴奏谱例

（2）第一遍

交叉步
跺脚

(3) 第二遍

互拍手
交叉步

(4) 第三遍

互踢
跺脚
换位

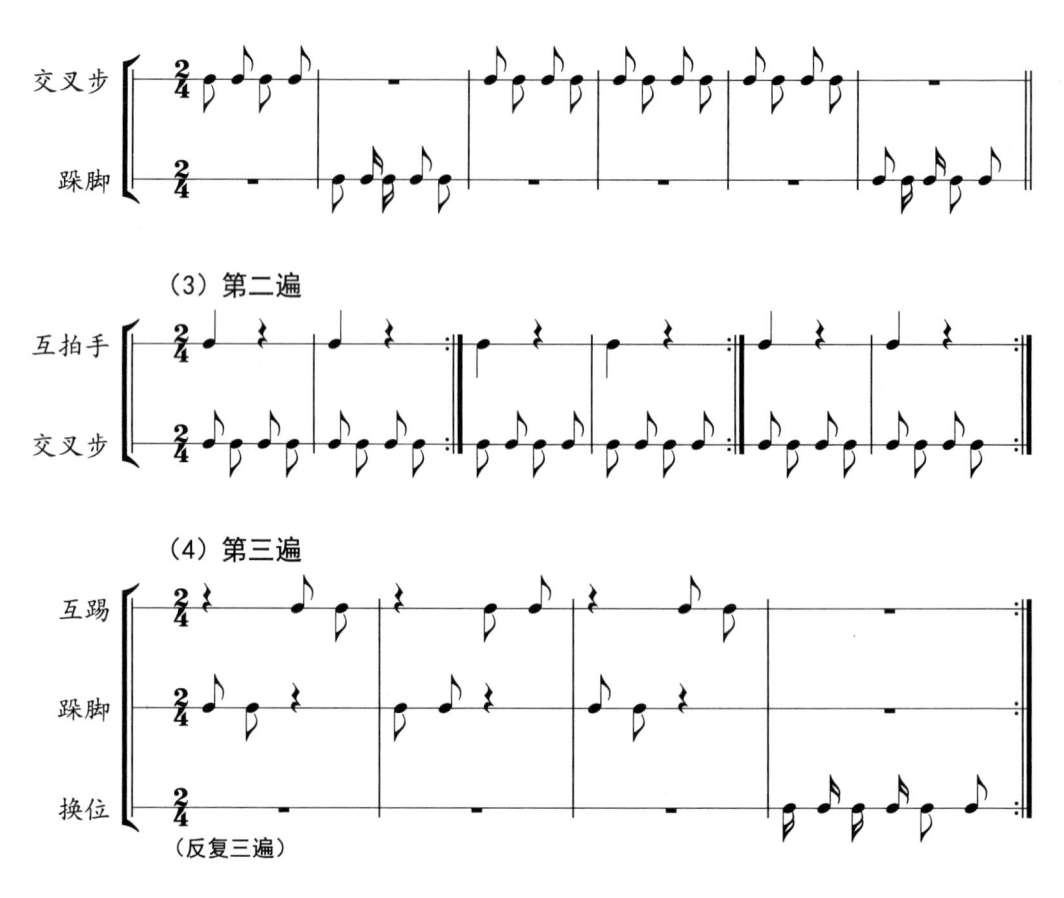

（反复三遍）

（设计者：恩施职业技术学院　段红琼）

《小鸡母》

教育活动设计

活动目标

1. 感受歌曲快乐、活泼的情绪。
2. 了解方言发音及含义。
3. 能用弹舌准确表现不均匀节奏型及弱位节奏。

活动准备

波纹双响筒

⏵ 活动过程

1. 学与唱

本曲以"小鸡母"比喻小孩，人虽小却很会唱歌，表达了不要因年龄而产生偏见，即"人不可貌相"。歌词中的"伢儿"读"啊（二声）儿"，表示"小孩"之意，"窄"读"zei"（一声）。

本曲为 C 宫五声调式，四二拍子，共两个乐句。节奏型较多，其中小切分、八十六节奏型要作为重点知识进行讲解。歌唱时以欢快、明亮的声音进行表现。

2. 歌曲演绎

①分组：将学生分为 A、B、C 三组，A 组歌唱旋律，B 组模仿小鸡打鸣，C 组表现弹舌。

②歌词念读：第一遍 A、B、C 组同时进行方言念读歌词，双响筒以四分音符为一拍中速伴奏。

③二声部歌唱：第二遍 A 组歌唱主旋律，C 组弹舌同时进行，双响筒伴奏保持。注意弹舌多为后半拍，休止符要多加训练，结尾部分节奏密集，清晰度的表现是重难点。

④三声部歌唱：第三遍 A、C 组保持，B 组模仿小鸡打鸣的伴唱进入。整首歌曲曲风活泼、快乐，伴唱声部的节奏把控要到位，以更好地烘托主旋律。

3. 伴唱谱例如下

（设计者：恩施职业技术学院　段红琼）

《说天圆》

教育活动设计

⏵ 活动目标

1. 培养珍惜劳动成果、尊重知识的良好品质。
2. 掌握声势创编的原则与规律。

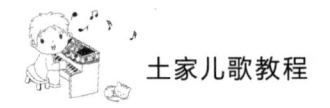

3. 培养探究能力与综合音乐表现能力。

☞ *活动准备*

双响筒，钢琴

☞ *活动过程*

1. 学与唱

本曲为 a 小调问答式儿歌，看似随意地一问一答，但字里行间表达了在土家人民粮食富足、吃喝不愁的当代环境下，要多读书，努力上进，做一个博学多才、令人尊重的"秀才"。歌曲第一段问第二段答，歌词押韵，韵脚为"an"，唱起来朗朗上口，可以分组进行男女对唱，并引导学生即兴问答，培养探究学习能力，以钢琴伴奏。

2. 歌曲演绎

①分组：将学生分为 A、B 两组，呈两个圆围地而坐。

②歌词念读：第一遍进行歌词念读，A 问 B 答，可按歌词顺序问一段，答一段，也可打乱顺序问一句答一句，双响筒以四分音符为一拍进行伴奏。

③问答+声势：第二遍 A 组以歌唱形式问一句，B 组答一句，问答顺序不做设定，加入相对应的声势动作，注意动作的流畅性及重拍与弱拍的力度把握。B 组动作节奏较为复杂，附点、后半拍、四个十六、小切分音型均有设计，要保持匀速进行。

④歌唱+声势：第三遍按照歌词顺序从头到尾进行歌唱，A、B 组声势同时进行，注意聆听两个声部此起彼伏的节奏层次。

3. *声势谱例如下*

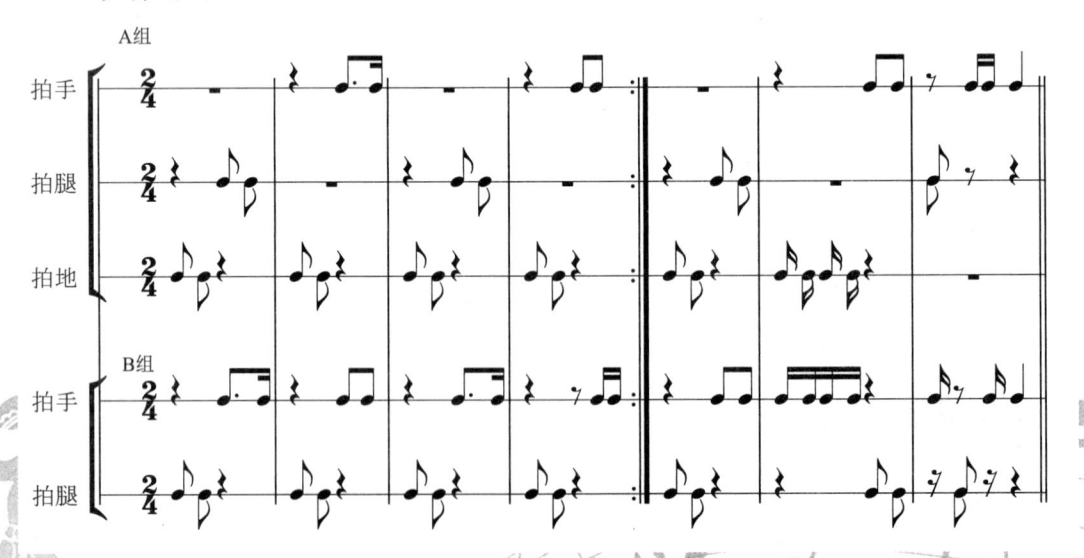

（设计者：恩施职业技术学院 段红琼）

《捉羊儿》

∽教育活动设计∽

☞ 活动目标

1. 了解土家问答式童谣的形式及特征。
2. 体验歌曲中两种情绪的发展，并能准确进行表现。
3. 能用固定音型及节奏性较强的拟声词为歌曲伴奏。

☞ 活动准备

中音木琴

☞ 活动过程

1. 学与唱

本曲为 C 宫五声调式儿歌，弱拍弱位起音，两小节为一乐句，一问一答，情绪由平淡到紧张最后剑拔弩张，方言反复较多，如"做么得"意为"做什么"，每个乐句的最后一个字均为儿化音，体现了浓厚的地方语言特色。旋律多为二度模进上行，重复音较多，叙事性较强，以角色扮演进行问答歌唱，突出歌曲的诙谐性与趣味性。

2. 歌曲演绎

①分组：将学生分为 A、B 两组，分别为歌唱组、伴唱组。

②念读+声势：第一遍先由木琴引入四小节，A、B 组同时念读歌词并辅以捻指、跺脚声势。

③歌唱+声势：第二遍 A 组歌唱主旋律，B 组伴唱，聆听两个声部相互填充的层次感与和声感，A 组的气口及节奏要准确把握，B 组伴唱应轻快、活泼。注意休止符、切分节奏的准确性及拟声词的轻巧发声状态。

3. 声势及伴奏（唱）谱例如下

（1）声势谱例

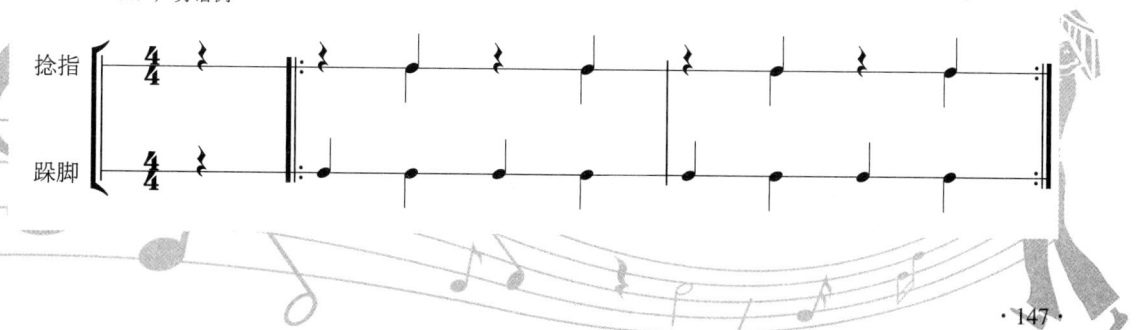

(2)伴奏（唱）谱例

（设计者：恩施职业技术学院　段红琼）

《对花》

教育活动设计

活动目标

1. 体验猜谜音乐游戏的乐趣，激发学习积极性。
2. 培养创造性音乐思维及歌词创编能力。

3. 探索多样化球类音乐活动。

☞ **活动准备**

钢琴，弹力球

☞ **活动过程**

1. 学与唱

本曲为C大调猜谜式儿歌，节选自土家童谣"十解"，通过一问一答，推动音乐发展，歌唱时用欢快、活泼的情绪进行表现。念白部分为"问"，歌唱部分为"答"，可以加入即兴身势如拍腿、拍手，烘托歌曲氛围，以钢琴伴奏。

2. 歌曲演绎

①自由探索：探索弹力球运动方式的多种可能性，如滚动、拍打、上抛、下抛、传球、间隔式传球等，并找到球与音乐的关联。

②歌唱活动：小组围地歌唱，运用滚球、拍球、传球等动作表现歌曲的律动。念白部分以二拍滚动传球一次，间奏部分以四分音符为一拍双手上下交替玩球，正歌部分以四分音符为一拍向天空（地面）抛球、左（右）传球。

3. 活动拓展

填词游戏：引导学生展开想象，进行填词歌唱问答游戏，可以用动植物、人物、生活实境、古诗词、方言对话等作为填词内容，并探讨运用更多的球类游戏方式进行表现。

4. 动作谱例如下

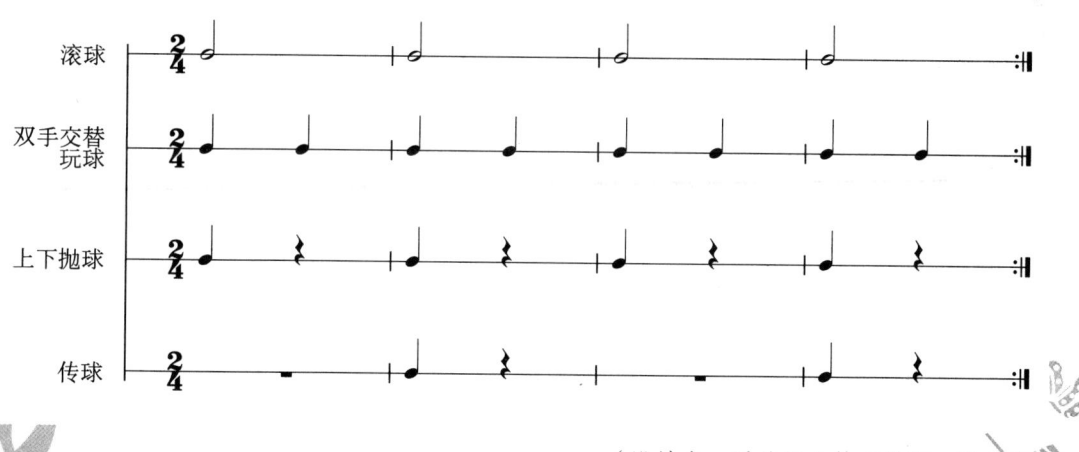

（设计者：恩施职业技术学院　段红琼）

《十八洞》

❧教育活动设计☙

▷ **活动目标**

1. 了解土家织锦文化。
2. 了解身体打击乐的编创原理。
3. 培养身体打击乐的编创能力和表现力。

▷ **活动准备**

小鼓，钢琴

▷ **活动过程**

1. 学与唱

土家织锦是少数民族织锦之一，民间称为"打花"，丝、棉、麻为原料，以红、蓝、黑作为织锦经线的棉线颜色，纬线则由织者自己决定，各种颜色均可。土家锦的品种有香袋、服饰、室内装饰、坐垫、被面、披甲、背袋等。画面多姿多彩，用色常借鉴艳丽的鲜花、鸳鸯的羽毛、天空的晚霞、雨后的彩虹等。在纹样结构上，多以菱形结构、斜线条为主体，讲究几何对称，反复连续，共有上百种传统纹样。

本曲为降E大调儿歌，四四拍子，共三个乐句，歌词对仗工整，旋律简明流畅、朗朗上口。以欢快、活泼的情绪，明亮的音色歌唱，钢琴伴奏。在熟练的基础上可以进行C—G大调的移调练习，作为练声歌曲。

2. 歌曲演绎

①分组：将学生分为A、B两组，呈两个圆圈围坐在地。

②A组歌唱+声势：第一遍A组拍手、拍腿、拍地，注意乐句的重复及休止的正确表现。

③B组歌唱+声势：第二遍B组拍手、击掌、拳眼击地、拍地，注意动作的流畅性及协调性的把握。

④A、B组声势：第三遍两组同时做声势，聆听对方小组的节奏，体现出强弱拍、节奏的松与弛，努力达到双方配合默契且有序。

⑤伴奏：小鼓从头至尾以 X X X | X XX | 节奏进行伴奏。

3. 声势谱例如下

A组

拍手

拍腿

拍地

Fine　　　　　　　　　　　　　　D.C.

B组

拍手

左(右)击掌

拳眼击地

拍地

Fine　　　　　　　　　　　　　　D.C.

（设计者：恩施职业技术学院　段红琼）

《闹阳春》

教育活动设计

活动目标

1. 了解有关"阳雀"的常识性知识。
2. 能用方言念读儿歌。
3. 培养多声部、多样化的音乐表现能力。

活动准备

低音钢片琴，高音木琴，串铃

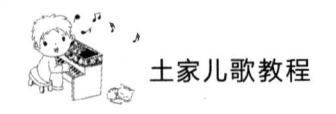

活动过程

1. 学与唱

"阳雀"意为"杜鹃鸟",土家人称"雀(二声 quo)子",很多歌曲里都有它的身影,与古诗词中伤感、悲泣的含义不同,在歌曲中通常作为吉祥鸟的形象出现。本曲非常形象地描述了阳雀"闹"走寒冷的冬天,迎来绿意盎然的春天的可爱身影。在歌唱时要以积极、欢快的状态进行表现,可以加入高木的即兴伴奏,更加突出"闹阳春"的热闹。

2. 歌曲演绎

①引子+前奏:第一遍由低音钢片琴演奏四小节作为引子,描述三四月清晨寂静的山林、悠悠冷清的空谷,为阳雀的出现进行铺垫。然后伴唱、高木、串铃进入,齐奏四小节,表现小阳雀们陆陆续续开始叫醒山谷,慢慢地热闹起来了。注意伴唱声部的弱拍进入要准确,十六八与小切分节奏衔接准确,休止是训练的重点。

②二声部合唱:第二遍主旋律歌唱声部进入,以跳跃、活泼的情绪表现阳雀可爱的形象;所有伴奏(唱)声部保持,高木节奏型较为密集,注意双手交替敲击琴锤的动作要流畅而准确。

3. 拓展活动

探索并模仿各种小鸟的叫声与形态。

4. 伴唱(奏)谱例如下

(设计者:恩施职业技术学院 段红琼)

《雀子歌》

教育活动设计

活动目标

1. 观察雀子鸟（杜鹃鸟）外观，模仿其静态与动态形象。
2. 能以准确的情绪表现歌曲。
3. 拓展运用手指谣展开音乐活动。

活动准备

高音木琴

活动过程

1. 学与唱

"雀子"即"阳雀"，又名杜鹃鸟，是杜鹃科鸟类的通称，常见的有大杜鹃、三声杜鹃和四声杜鹃，大杜鹃叫声似"布谷"，因此称为"布谷鸟"；三声杜鹃叫声似"米贵阳"，有些地方直接称其为"米贵阳"；四声杜鹃叫声似"割麦割谷"，又称"子规鸟"。

本曲为C大调七字句儿歌，四二拍子，共四个乐句，歌曲结构短小精悍，重在描述阳雀的形态特征，如"眼睛黑溜溜""尾巴翘上了天""小脚往前走"，阳雀鸟的可爱形象跃然纸上，以快乐而活泼的情绪、明亮的音色演唱本曲。

2. 歌曲演绎

①动物模仿：学生以动态或静态的动作模仿阳雀（杜鹃鸟）的形象。可用小组模式进行情景创编，以探索更多的可能性。

②你比我猜：将学生分为表演组和猜谜组，表演组同学以单个或组合模式表演阳雀形态，猜谜组进行回答，若未回答正确，则成为下一个表演组。

③歌唱活动：歌唱时用清脆而明亮的高音木琴中速伴奏，表现阳雀的可爱形象。双音伴奏要整齐，尤其是最后一小节的大十度双音，下键快而准，八十六与四个十六节奏型以左右手交替敲击弹奏。

3. 活动拓展

创编手指谣，以单人、双人、多人形式进行音乐表现。

（设计者：恩施职业技术学院　段红琼）

《数蛤蟆》

教育活动设计

活动目标

1. 对原生态土家儿歌有一定了解。
2. 掌握本首歌的曲调、节奏、乐句结构。
3. 能创造性地运用有趣、诙谐的音乐形式表现儿歌。

活动准备

波纹双响筒，刮胡，齿木，高音木琴

活动过程

1. 学与唱

本曲节选自土家儿歌《数蛤蟆》，D徵五声调式，三个乐句构成，第三乐句是对第二乐句的变化重复，小腔音列、近腔音列居多，也有四度的窄腔音列。节奏简单，二八节奏型较多，兼有个别一拍内附点与八十六节奏，旋律朗朗上口，是传唱度较高的一首土家儿歌。在演唱时辅以刮胡进行随意刮奏，塑造可爱的小蛤蟆形象，以更好地烘托歌唱情绪。

2. 歌曲演绎

①歌词念读：第一遍以方言（注："蛤蟆"读"ke ma"）念读歌词，感受歌曲的诙谐与趣味性，波纹双响筒以四分音符为一拍进行击拍伴奏，强弱拍要清晰。

②歌唱活动：第二遍波纹双响筒先行进入四小节，然后高木进入，与双响筒合奏四小节，塑造夏夜稻田里此起彼伏的蛤蟆叫声。紧接着歌唱声部、刮胡、齿木节奏同时进入，演奏时注意刮胡敲击与刮奏的节奏型要精准，齿木都为弱位八分音符，休止要准

确，高木有大跨度双音，敲击时要注意眼先行，手紧随，确保旋律的紧凑。

3. 伴奏谱例如下

（设计者：恩施职业技术学院　段红琼）

《一群麻雀飞上坡》

教育活动设计

活动目标

1. 感受原生态土家儿歌的韵味与魅力。
2. 能用方言念读儿歌。
3. 能用饱满的情绪演唱儿歌。

活动准备

高音木琴，低音木琴

活动过程

1. 学与唱

本曲为D徵五声调式，以G为宫音（五声音阶依次往上为G宫、A商、B角、D徵、

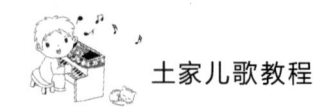

E 羽），原生态土家儿歌，非方整型乐句，多为小腔音列，有较多的一字多音，体现了浓厚的土家民间音乐特点。歌词中有大量的衬词，如"啰嗨""也""哎""嘞"，无明确意义。同时也有一些方言出现，如"各人"（意为自己）、"娃儿"（意为小孩），方言与衬词相结合体现了浓重的地域特色，是歌曲的灵魂所在。在歌唱时以明亮的音色、高昂的情绪，自然而流畅地进行表现。

2. 歌曲演绎

①歌词念读：第一遍用方言念读儿歌，感受歌词的脉动及节奏特点，用低音木琴以轻快的节奏进行伴奏。

②三声部合唱：第二遍高木先行进入，四小节后主旋律、人声Ⅰ、人声Ⅱ同步进入。注意伴唱声部Ⅰ模仿小鸟的拟声词音准是练习的重点，同时人声Ⅱ的节奏填充需精准。高木节奏密集，音型较多，对速度的把握要稳定，同时聆听低木与其他声部，保持合拍，不抢不拖。

3. 伴唱（奏）谱例如下

（设计者：恩施职业技术学院　段红琼）

《耗子歌》

教育活动设计

活动目标

1. 体验原生态土家儿歌曲调、节奏及语言特点。

2. 能自然、完整地进行歌唱。

3. 能将歌唱、念读、打击乐伴奏完整地进行表现。

☞ *活动准备*

双响筒，高音木琴，低音木琴

☞ *活动过程*

1. 学与唱

本曲为传统土家儿歌，D徵五声调式，节奏较单一，一至四乐句节奏一致，第五乐句变化重复，即只采用了前面乐句的附点节奏，省略了后面的节奏型，第六乐句则运用了全新的切分音。第一、二句歌词有押韵，韵脚为"er"，后面则无押韵。歌词朴素、自然，生动地描述了猫捉老鼠的有趣场面，演唱时注意神态及力度的把握，辅以双响筒即兴伴奏，尽可能表现出歌曲的趣味。

2. 歌曲演绎

①引子+前奏：双响筒匀速演奏两小节作为引子，表现老鼠贼眉鼠眼、东张西望准备活动的场景；两小节后低木伴奏及念读Ⅰ进入，以不同的节奏进行点缀，使小老鼠的形象更加丰富；再四小节后念读Ⅱ及高木伴奏同时进入，猫捉老鼠的场景正式开始。

②歌唱活动：反复第二遍时歌唱声部进入，注意每个声部力度与速度的精准；念读声部与歌唱声部要有较强的力度对比，不能喧宾夺主。

3. 伴奏谱例如下

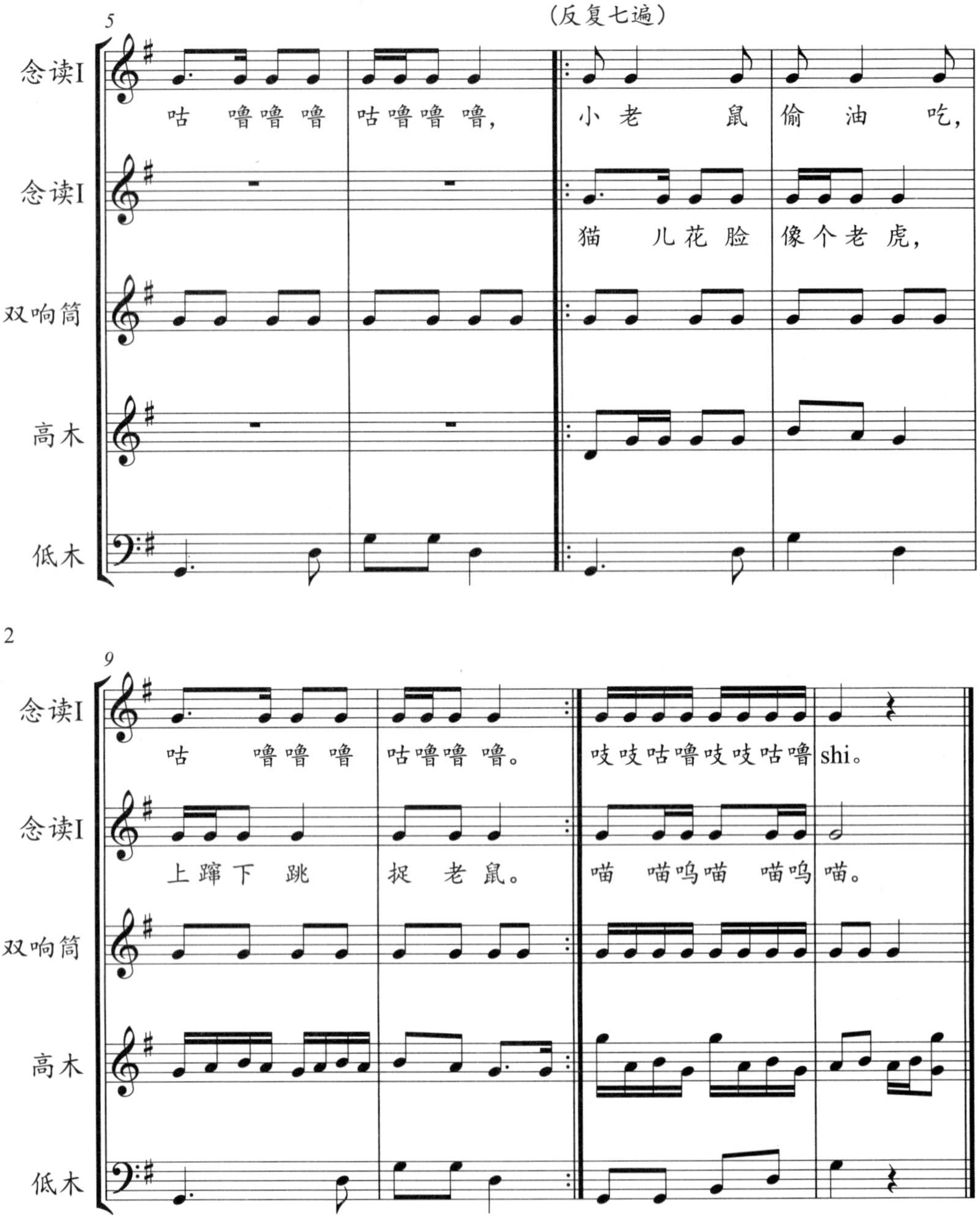

（设计者：恩施职业技术学院　段红琼）

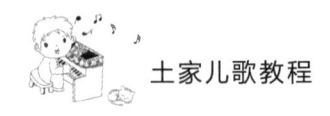

《金银花儿》

❧教育活动设计❧

☞ 活动目标

1. 了解金银花形态、作用与功效等常识性知识。
2. 能自然、完整、流畅地表现儿歌。
3. 能用身体律动准确地表现乐句节奏。

☞ 活动准备

钢琴，高音钢片琴，低音钢片琴，呼啦圈

☞ 活动过程

1. 学与唱

金银花通常是一蒂二花，成双成对开花，初为白色，经过一两日后会变成黄色，好像鸳鸯对舞，因此，在花语中，金银花代表全心全意的爱情。除此之外，它亦是有名的清热解毒良药。在歌曲中最后一句"聪明对到能力人"可理解为两种含义：一是只有聪明的女子才能配上德才兼备的男子，另一种则表示"能力人"是值得尊重的，要努力做一个能干有为、不负韶华的年轻人。

本曲为 F 大调七字句儿歌，四三拍子，共五个乐句。歌词工整，前四乐句的节奏一致，为长+短型节奏，旋律变化较大，音准是练习重难点，可辅以钢琴伴奏，以连贯的气息、轻柔地进行歌唱。

2. 歌曲演绎

①散点位行走：每人手拿一个呼啦圈，站在圈中，第一遍以三拍子踏脚行走，第一拍全脚掌着地，表示重拍，第二、三拍脚尖着地，表示弱拍。行走方向不做设定，前后左右均可，以动作舒展、自然为准则。

②换方向行走：第二遍加入变化，每四小节转身一次，反方向行走，脚部动作不变。

③行走+互动：第三遍在每个乐句的最后一小节找到伙伴，互相用呼啦圈在第二、第三拍轻轻相碰两次打招呼，然后转身行走，寻找下一个伙伴。

3. 伴奏谱例如下

（设计者：恩施职业技术学院　段红琼）

《五片花瓣》

教育活动设计

活动目标

1. 了解民族五声调式的特征。
2. 能优美、流畅、完整地歌唱。
3. 感受大小拍子的异同，并用律动进行准确表现。

活动准备

气球，三角铁，响棒，弹力球，钢琴

活动过程

1. 学与唱

本曲为F宫五声调式植物类儿歌，四二拍子，共有四个乐句。旋律舒缓而优美，节奏简明，没有不均匀节奏型，歌词多为一字一音，前一、二乐句有押韵，韵脚为"ia"，唱起来朗朗上口，并容易记忆。

2. 歌曲演绎

①分组：将学生分为A、B两组，呈同心圆站立。

②三角铁+抛气球：第一遍A组随三角铁节奏向上抛气球，每两拍向上推动一次，以大拍子进行表现，注意每次气球飘在空中的时间要将两拍填满。

③响棒+抛弹力球：第二遍A组停止，B组随响棒节奏左右行走，并向下抛弹力球，体现小拍子律动感。1—4小节身体向左移动，5—7小节向右移动，8—9小节向左移动，10—12小节向右移动，注意肢体的平衡、球的力度及方向把握。

④变化行走+抛气球+抛弹力球：第三遍A组再次进入，B组在行走方向上做更多变化，1—4小节向左移动，5—7小节向右移动，8—9小节向前移动，10—12小节向后退。

3.伴奏谱例如下

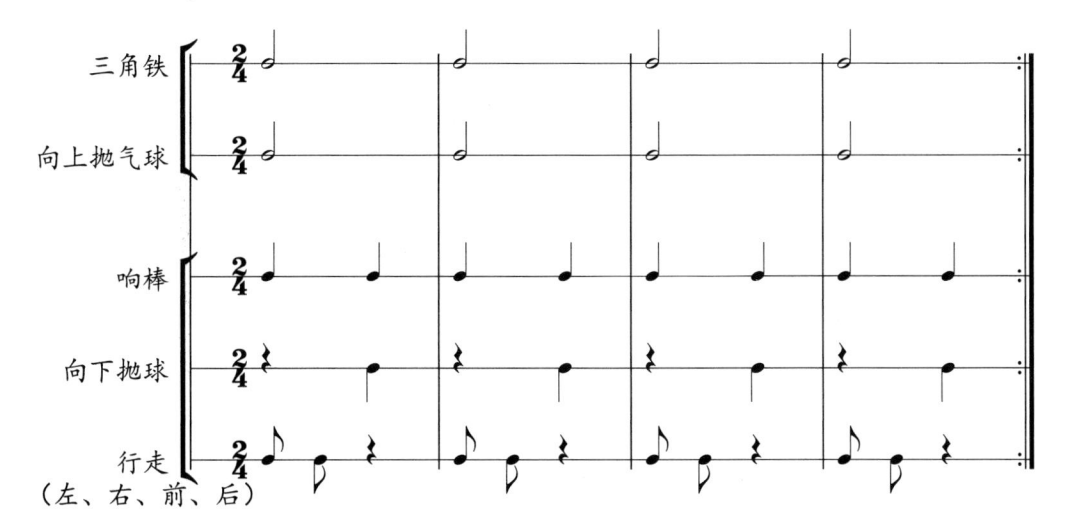

（设计者：恩施职业技术学院　段红琼）

《一坨秧》

教育活动设计

活动目标

1.培养正确的劳动观和生活观。
2.能完整、流畅、有表情地演唱歌曲。
3.能用声势及嗓音为歌曲伴奏。

活动准备

钢琴

活动过程

1.学与唱

"粘秧"产粘米，"糯秧"产糯米，粘米口感较粘，糯米口感较软糯。在用途上，粘米经常用来做年糕和酿酒，糯米则用来制作粽子、八宝粥、甜品等，糯米除有食用功能

外，还具有暖脾胃、止虚寒、泻痢、缩小便、收自汗、发痘疮的作用。

本曲是 a 小调七字句儿歌，四二拍子，共三个乐句，通过排比句以"粘秧"和"糯秧"为喻，引出"秀才口里出文章"，即全曲的核心，表达了对读书人的尊重。以欢快的情绪、明亮的音色歌唱，附点音型的短音以稍跳跃的感觉进行表现。

2. 歌曲演绎

①将学生分为 A、B 两组，A 组进行身势与歌唱，B 组嗓音伴奏。

②歌词念读：第一遍念读歌词，感受歌词的律动。

③歌唱＋身势：第二遍歌唱，A 组歌唱并做捻指、拍手、拍胸、跺脚的声势动作。拍手与拍胸为八十六节奏型，注意动作的连贯性与身体的协调性。

④歌唱＋身势＋嗓音：第三遍 B 组嗓音伴奏进入，注意 dum 的发音要稍重，表现出较强节奏感与流动感。

3. 身势谱例如下

（设计者：恩施职业技术学院　段红琼）

《我不怕》

❦ 教育活动设计 ❦

☞ **活动目标**

1. 感受土家扯谎歌的表述形式，并了解歌词寓意。
2. 体验八三拍子的律动，能准确地把握歌曲节奏。
3. 体会歌曲中无所畏惧的土家精神。

☞ **活动准备**

钢琴

☞ **活动过程**

1. 学与唱

本首儿歌为 A 大调扯谎类儿歌，七字句式，八三拍子，一段体结构，大、小、近、宽腔音列均有。节奏律动有规律，歌词大胆夸张，充分体现了土家男儿天不怕地不怕的豪迈气概，不完全押韵，以艺术歌曲的唱法进行表现。

2. 歌曲演绎

①行走活动：第一遍学生以散点位站立，按八三拍子轻轻踏脚行走，方向不限，前后左右上下方位均可，且尽量把行走范围扩大。第一拍拍手大踏步行走，脚掌着地，表现强拍，第二、三拍脚尖点地轻轻行走，表现弱拍，身体动作尽可能舒展、自然。

②变体行走：第二遍在行走的基础上加入其他动作，如打开双臂，转圈，抬手，下蹲等，表现不同的空间，每个动作尽量将三拍填满，协调性与律动性共存。

③想象力训练：第一、二拍行走，第三拍展开想象做如捉蝴蝶、蜻蜓点水、手指拈花等动作，动作尽量多样化，老师可给予提醒，将弱拍表现得更形象，整体动作都较轻盈、活泼。

（设计者：恩施职业技术学院　段红琼）

《歌儿千哒千》

教育活动设计

活动目标

1. 感受土家人爱唱歌、爱比歌的生活态度。
2. 感受并了解八三拍子的律动及摇摆感。
3. 能运用球类物体进行音乐活动。

活动准备

钢琴,弹力球

活动过程

1. 学与唱

本曲为C大调七字句儿歌,八三拍子,二段体结构,A段1—8小节,B段9—20小节,共五个乐句,曲风轻松、活泼,歌词有押韵,第一、二乐句韵脚为"ian",第四、五乐韵脚为"ang",形象地描述了土家人爱唱歌、爱比歌的生活态度。运用了夸张的表述手法,如"杵齐天""千哒千""排成行",体现了土家人天不怕、地不怕的勇气与豪迈气概。歌唱时注意第一、二小节分解主和弦1-3-5-i的跨度较大,注意音准。

2. 歌曲演绎

①排列队形:学生围成圆圈站立,每人手拿一个弹力球,一人站在圆中心。

②律动游戏:聆听钢琴伴奏,外圈学生每三拍向下抛一次弹力球,圈内学生随钢琴做即兴律动,同时找伙伴,每四小节的最后一拍拍伙伴的某一部位,被拍的学生从该部位开始做律动,并寻找下一个伙伴,如此循环。

③律动要点:在向下抛弹力球的时候注意控制力度及手的动作幅度,以能稳稳地接住球为准则。在圆中心的学生尽量用肢体动作把拍子填满,动作幅度可稍强烈,以填充更大的空间,上下前后左右等方位均可设计,不局限于某个空间,严格以三拍的律动进行移动。

3. 游戏拓展

运用丝带或气球拓展律动游戏,尽可能用不同的形式表现速度与空间的变化,打开新的认知空间。

(设计者:恩施职业技术学院　殷红琼)

《人之初》

教育活动设计

活动目标

1. 培养正确的人生观、价值观、生活观。
2. 了解常识《三字经》。
3. 探索多种律动形式,培养整体性音乐思维。

活动准备

钢琴

活动过程

1. 学与唱

《三字经》唱道:"人之初,性本善,性相近,习相远。苟不教,性乃迁,教之道,贵以专……"其核心思想包括了"仁、义、诚、敬、孝",与本曲宣扬的"性本善"意义一致。

本曲为F宫五声调式七字句歌曲,四二拍子,共有五个乐句,节奏密集且丰富,多为一字一音,歌词不完全押韵,第一、二乐句韵脚为"ui",第四、五乐句韵脚为"a"。旋律较平缓,音域狭窄,小腔、近腔与窄腔音列居多,第九小节出现了八度宽腔音列。歌唱时以舒缓的情绪进行表现,注意歌词密集,吐音要清晰。

2. 歌曲演绎

①分组:将学生分为A、B两组,呈圆形站立。
②节奏与律动设计:

二分音符 X— ——打开手臂

四分音符 X—— 转身

八分音符 X——行走

十六分音符 X——拍手

附点音符 X·——静止

③聆听+律动:第一遍聆听钢琴伴奏,A、B组听到二分音符X—打开手臂,四分音符X转身,八分音符X行走,十六分音符X拍手,附点音符X·静止不动。
④哼唱+律动+卡农:第二遍A组哼唱旋律并做律动,最后一小节重复一遍,B组

在 A 组第一小节律动后进行卡农式模仿，最后一小节两组动作一致结束。

⑤歌唱＋律动＋卡农：第三遍动作同上，同时唱歌词。

（设计者：恩施职业技术学院　段红琼）

《翩翩打，骑白马》

教育活动设计

活动目标

1. 感受歌词的趣味性，体会歌曲诙谐幽默的情绪。
2. 理解歌曲相关的基础性乐理知识。
3. 体验用纸杯创编节奏的乐趣。

活动准备

纸杯，梆子

活动过程

1. 学与唱

本曲是扯谎类儿歌，歌词夸张，无逻辑关系，荒诞怪异，是土家特有的一种歌曲题材，即明知是假，故意利用常识性错误而编写的歌曲，虽扯谎却无恶意，以幽默的方式引出诸多乐趣，能培养逆向思维和判断能力。

本曲为四二与四三混合拍子，二段体结构，A 段为二拍子，歌词不工整，无押韵；B 段为三拍子，四字句式，每两小节转韵一次，多为小腔音列和近腔音列。歌唱时以轻跳音进行表现，注意第八小节延长音的处理，拍子转换要准确、自然。

2. 歌曲演绎

①歌词念读：第一遍中速念读歌词，梆子伴奏，嗓音、纸杯 I 伴奏进入，杯口朝上，以二八节奏进行渲染，第九小节拍子转换要准确，并能一气呵成，感受歌词的趣味性。

②歌唱活动：第二遍歌唱声部、纸杯 II 伴奏进入，杯口朝下表现不同的马蹄声，其他声部保持。注意要单独训练纸杯 I 和纸杯 II 的节奏，对二八节奏、后附点的重拍进行针对性练习，凸显错落有致的多声部节奏。

3. 伴奏谱例如下

（设计者：恩施职业技术学院　段红琼）

《灯笼壳》

教育活动设计

活动目标

1. 感受并了解土家扯谎歌的形式与内涵。
2. 能以剧目的形式展现歌曲内容。
3. 能用常见生活或学习用品为歌曲作伴奏。

活动准备

沙蛋，桌子，直尺，白纸

活动过程

1. 学与唱

本曲为D大调扯谎类儿歌，二段体结构，A段为1—12小节，B段为13—25小节，

歌词诙谐、幽默、浮夸，将小孩活泼、贪吃、可爱的形象描绘得活灵活现。故事情节完整，情绪层层递进，逐渐推入高潮，极具张力和戏剧性，句尾押韵，韵脚为"uo"，旋律流畅且朗朗上口，演唱时可以用沙蛋以二八节奏进行伴奏，注意保持匀速。歌曲中有很多方言，如"伢儿"（意为小孩），"幺姑"（意为姑姑），"细不过"（意为很小），"甜不过"（意为很甜），"个"读四声"guo"，"角"读二声"guo"，"脚"读二声"juo"，"壳"读二声"kuo"。

2. 歌曲演绎

①方言念读：第一遍用方言念读歌词，沙蛋伴奏，感受故事的戏剧性和画面感，将可爱、调皮的小孩形象以稍显夸张的语气进行表现。

②歌唱活动：第二遍歌唱旋律，所有伴奏声部同时进入，"手拍桌"与"直尺"以左右手同时进行，注意休止符与附点节奏的准确表现。节奏填充要整齐、有层次感，演奏时多聆听其他声部的节奏，灵活调整。

3. 伴奏谱例如下

（设计者：恩施职业技术学院　段红琼）

《腊月三十》

教育活动设计

活动目标

1. 感受土家扯谎歌诙谐而荒诞的表现形式。
2. 能准确形象地塑造故事画面。
3. 能用声势与木质类打击乐器为歌曲伴奏。

第二部分　教学活动设计

☞ **活动准备**

梆子，双响筒，刮胡

☞ **活动过程**

1. 学与唱

本曲为土家扯谎类儿歌，C大调，四四拍子，前两乐句为七字句，后面转为五字。歌词韵脚工整，两句转一次韵脚，分别为"a""e""an""u"。旋律二度模进较多，将幽默又紧张的场景用上行二度进行表现，更加突出了歌曲的戏剧性。歌词中"搭"意为"摔跤"，"灰只扑"意为"灰扬起"。歌唱时在语气语调上要稍作处理，尽量幽默化，强弱处理要合理，把轻松自然到逐渐紧张的情绪表现出来。

2. 歌曲演绎

①情景表演：大年三十的晚上，小偷光顾农家小院偷黄瓜，被小鸡、小鸭、小猫、小狗等发现并追赶，最后掉到"烂泥湖"，注意将每个角色的特征进行夸张表现。

②方言念读：第一遍先以两小节梆子节奏为引子，随后方言念读歌词，双响筒与刮胡伴奏，以夸张的语态进行表现，梆子此时停止演奏。

③歌唱+声势：第二遍歌唱与声势动作进入，脚尖与全脚掌动作交替，双响筒与刮胡节奏保持，注意要反复四遍。当每个人物形象出现时，教师引导学生对伴奏的强弱做好处理，以更好地表现歌曲诙谐而有趣的场景。

3. 伴奏谱例如下

（设计者：恩施职业技术学院　段红琼）

《瞌睡多》

教育活动设计

活动目标

1. 体验扯谎歌幽默而诙谐的表现方式。
2. 了解木质类、散响类、音条类乐器的伴奏特点。
3. 能自然、完整、流畅的表现歌曲。

活动准备

木鱼，响棒，卡巴萨，中音木琴，低音木琴

活动过程

1. 学与唱

本曲为土家扯谎类七字句儿歌，D大调，四二拍子，共两个乐句，第一乐句明确告知歌曲性质"听我唱个扯谎歌"，它的作用是为了防止"打瞌睡"，由此可以看出扯谎歌附有一定的功能性，不仅能自娱自乐，更是驱除疲劳、增添生活乐趣的一种有效方式。歌词每两小节押韵一次，韵脚均为"uo"，其中"歌"读"guo"（一声），"角"读"guo"（二声）。歌词内容不可思议且诙谐有趣，旋律以小腔音列居多，节奏明快简洁，旋律朗朗上口。在歌唱时以木鱼作为节拍器进行击拍伴奏，注意为了表现夸张的情绪，可加入渐强与渐弱的处理。

2. 歌曲演绎

①歌词念读：第一遍念读歌词，先以木鱼引入，四小节后响棒、卡巴萨及歌词念读进入，响棒的节奏较为复杂，要单独进行训练，多聆听其他声部的节奏，同时注意反复记号。

②歌唱活动：第二遍进行歌唱，伴奏B中木与低木、歌唱声部同步进入，伴奏A保持。低木为完全分解主和弦，中木伴奏轻快，触键要敏捷，重复音较多，注意保持手腕动作的放松状态，整首歌的情绪表现为活泼、欢快而诙谐。

3. 伴奏谱例如下

(1) 伴奏A

木鱼 / 响棒 / 卡巴萨

(2) 伴奏B

中木 / 低木

（设计者：恩施职业技术学院　段红琼）

《说三国》

教育活动设计

活动目标

1. 了解三国时期的历史背景、主要代表人物及其著名典故。
2. 了解童谣与诗歌、音乐融合而形成的综合艺术形式。
3. 能准确、协调地运用肢体动作进行艺术展现。

活动准备

响板

活动过程

1. 学与唱

我国历史上的"三国"是由分裂走向统一的过渡时期，是历史的进步，曹操、刘备、孙权争天下，形成了魏、蜀、吴三国鼎立的历史局面。童谣中提到的著名典故有刘备"三顾茅庐"、诸葛亮"草船借箭"。

本曲为七字句式，四四拍子，两段体结构，节奏流畅明快，歌词无押韵，以故事性

手法进行表述,易念易学,前后段节奏对比明显,快慢结合,使童谣更有动感。

2. 童谣演绎

①分组:将学生分为A、B、C、D、E五个声部,除A组外,B、C、D、E组相对应的动作为拍手、拍桌、拍腿与跺脚。

②声部念读+声势:E组以跺脚加念读"定乾坤"两小节作为引子,建立歌曲的固定节拍基石;两小节后,A组念读歌词,B组拍手念读"嘿呀",C组拍桌念读"千古风流人物千古风流",D组拍腿念读"大江东去浪淘尽"。响板以四分音符为一拍进行伴奏,注意伴奏声部念读的人数及力度要适度,以烘托歌词为主,不要太过于强调,避免喧宾夺主。

③歌词念读+声势:通过念读训练,各声部速度与节奏能准确表达以后,将B、C、D、E声部的念读去掉,以纯声势动作为A组的歌词念读进行伴奏。在节奏方面,C、D组的节奏是训练重难点,可以单独进行练习,熟练以后再进行合奏。

3. 声势谱例如下

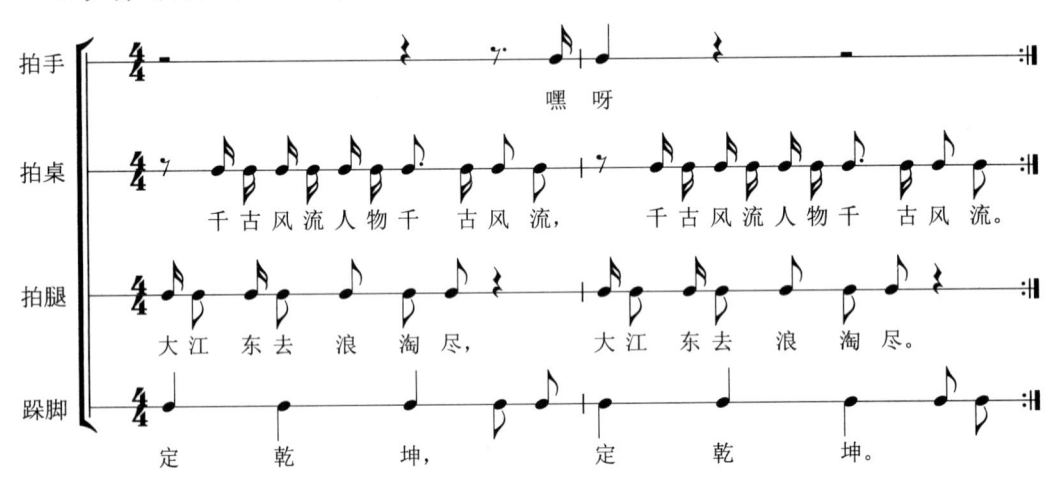

（设计者:恩施职业技术学院　段红琼）

《观音菩萨》

教育活动设计

活动目标

1. 了解一定的佛教知识。

2. 培养有良知、有道德的人格品质。
3. 能用打击乐器进行歌曲伴奏。

☞ *活动准备*

钢琴，高音钢片琴，木鱼

☞ *活动过程*

1. 学与唱

佛教是世界三大宗教之一，由释迦牟尼创建，距今已有两千多年的历史。从教育层面来说，佛教可以理解为佛陀的教育、帮助众生开启的自性教育、觉悟宇宙人生的教育，是为了圆满的教育。佛教最基本的戒律为杀生、偷盗、淫邪、妄语、饮酒。

本曲为 G 大调四四拍儿歌，一段体结构，共有三个乐句；节奏简明，旋律轻快，歌词简单直白，以通俗易懂的语言告诫世人要心存善念，种善因得善果，种恶因得恶果。在演唱时可用木鱼及高钢进行即兴伴奏，烘托歌曲意境，注意"德"念"dei（一声）"。

2. 歌曲演绎

①引子+前奏：高钢Ⅱ作为引子，以完全分解主和弦的伴奏模式引入，演奏两小节后高钢Ⅰ、木鱼节奏进入，塑造空灵、干净的歌曲意境。

②歌唱活动：前奏两小节后歌唱声部进入，注意木鱼有较多的后半拍节奏，不能混淆，需把固定音型牢记于心，默唱旋律，与高钢伴奏要合拍，保持中速。

3. 伴奏谱例如下

（设计者：恩施职业技术学院　段红琼）

《桑木扁担》

∽ 教育活动设计 ∽

☞ 活动目标

1. 了解一定的中国道教文化,知晓"八仙"及其背后的寓意。
2. 掌握连音与跳音的发声技巧,并能运用于歌曲表现。
3. 掌握竖笛演奏方法,并能与钢琴进行合奏。

☞ 活动准备

竖笛,钢琴

☞ 活动过程

1. 学与唱

道教是中国本土宗教,始于黄帝,发扬于老子,成教于张道陵天师,以学道、修道、行道为主。"八仙"是中国民间传说中广为流传的道教八仙,至明代定为:铁拐李、汉钟离、张果老、吕洞宾、何仙姑、蓝采和、韩湘子、曹国舅。八仙代表男、女、老、少、富、贵、贫、贱。

本曲是C大调四三拍儿歌,二段体结构,A段轻柔而流畅,B段活泼轻快,歌唱时跳音与连音需要有较好的气息控制,声音圆润且自然。

2. 歌曲演绎

①竖笛独奏:第一遍由竖笛独奏旋律,注意气息流动与吹奏音准,连音与跳音要表达清晰,使旋律呈现出较好的流动感。

②歌唱活动:第二遍歌唱及钢琴伴奏进入,音区跨度较大,音准与气息的控制是歌唱练习的重难点。钢琴和弦以自然的力量进行触键,不能用手腕压键,左手半分解以轻跳触键,整首歌以欢快、活泼的情绪进行表现。

3. 伴奏谱例如下

(设计者：恩施职业技术学院 段红琼)

《十字》

教育活动设计

活动目标

1. 了解童谣中的历史人物及其典故。
2. 感受不同打击乐器相互映衬的音乐效果。
3. 培养创造能力，探索多样化的游戏设计方案。

活动准备

响板，邦加鼓

活动过程

1. 学与唱

本首童谣描述了三个历史人物，分别为张飞、王昭君、李元霸，三个乐段简明扼要地叙述了其主要事迹或人物特征，第一段描写了张飞"据水断桥"的故事，第二段是著名的"昭君出塞"，第三段描绘了李元霸骁勇善战、力大无穷的人物形象。

本曲为形式简短的五字句童谣，四四拍子，节奏轻快分明，一字一音，歌词对仗工整，且句尾有押韵，歌词韵脚分别为"iu""an""a"，读起来朗朗上口，便于发音和记忆，念读时可用响板进行伴奏，更富有节奏感。

2. 童谣演绎

①引子+前奏：以响板作引子，演奏两小节后邦加鼓进入，两种节奏相互映衬，互相填充，形成童谣前奏。

②身势活动：前奏两小节后歌词念读、拍手与跺脚声势同时进入，注意跺脚节奏的变化，十六分音符踩准而不慌乱。

③力度设计：根据人物形象设计力度变化，即第一段用 f 力度，表现张飞的勇猛；第二段用 p 力度，表现昭君的从容；第三段用 f 力度，展现李元霸的骁勇善战，使人物形象更丰满。

3.伴奏谱例如下

（设计者：恩施职业技术学院　段红琼）

《红关公》

教育活动设计

活动目标

1.了解关公相关历史背景、人物性格与典故。
2.培养正确的人生观、价值观和道德观。
3.能用中国传统打击乐器为歌曲伴奏。

活动准备

响板，小鼓

活动过程

1.学与唱

关公即关羽，三国时期蜀国战将，与刘备、张飞为结义兄弟，其性格忠勇、坦荡、

孤傲，是具有代表性的中国古代英雄，被后代供奉为"武财神"。关公典故颇多，较著名的有"桃园三结义""温酒斩华雄""过五关、斩六将""刮骨疗伤""土山三约"等。

本曲为降 B 大调七字句儿歌，四二拍，歌词对仗工整，句尾押韵，韵脚为"ong"，旋律包含有大腔音列、近腔音列、小腔音列、宽腔音列，音域跨度较大，歌唱需要较强的气息进行支撑，同时可用响板进行击拍伴奏，使歌曲表现富有节奏感。

2. 歌曲演绎

①歌词念读：第一遍念读歌词，用响板击打节拍，前、后附点节奏型表达要准确，用稍显夸张的语气表现关公形象，以"说书"的感觉进行念读。

②歌唱活动：第二遍歌唱及小鼓节奏进入，两种打击乐器相互映衬，小鼓弱位节奏及八十六节奏型要表达准确，不能抢拍。

3. 活动拓展

分角色表演"关公""赤兔马""水""城门"等故事中的人或物，充分展开想象，将故事进行延展，使情节更加丰富、完整、具体。乐器编配可以加入音高类与散响类乐器，不同的情景编配不同的音乐。

4. 伴奏谱例如下

（设计者：恩施职业技术学院　段红琼）

后 记

作为一名土生土长的土家族苗族自治州的教育工作者，对土家族和土家人民有着天然的眷恋之情。土家族主要聚居地为湖南、湖北、四川、贵州等地，大约五代以后，土家族渐渐形成单一的民族，分布在中原大地和大西南的接合地，也是西南少数民族和中原汉族的连接地。经过漫长岁月的打磨，加上特殊的地理环境，土家族形成了独特的传统文化和乡土音乐，其中包含了部分楚文化，也兼容了明清文化。土家族是一个能歌善舞的民族，在不断的生活实践中，土家人用自身的智慧创造出了别具一格的本土音乐文化，多如牛毛的山歌、田歌、小调、礼俗歌、号子、摆手歌、儿歌、盘歌、情歌等形式活泼而富有趣味，内容让人回味，人民的生活百态在民歌中被栩栩如生地反映出来，形成了特有的土家精神。虽然作者生活在这个大环境中，但大多时候的感觉是既熟悉又陌生，熟悉的是那祖辈留下来的精神，陌生的是那些渐行渐远的乡土文化，寻找土家文化的足迹是作者的初衷之一。

同时，作者在中高职学前教育专业的教学过程中发现了众多问题，首先是很多学生对本民族文化缺乏认知、了解，更谈不上重视，文化传承岌岌可危。其次对专业课学习缺乏兴趣，大班声乐教学模式限制了学生歌唱能力的提高和想象力的发挥，训练内容与职业岗位要求相去甚远，与民族文化脱节、与现代教学脱节、与社会需求脱节，这也是作者写这本书的另外一个驱动力。

在编写本书过程中，作者试图将现代音乐教学法与民族音乐有效融合，当然还存在很多不足，故在本书使用过程中，各教育者可根据自己的审美与需求进行选择性地引用。一百首儿歌谱例与教学谱例是专业制谱公司制作而成，是本书编撰的重难点之一，对于作者来说，每次校正都是一次进步，都会在此过程中不断思考是否还有更好的创作思路，这也为以后进一步研究指明了方向。

本书儿歌歌词大量来源于原生态土家歌谣，这些歌谣的整理者有：谭祖文、万开尧、覃文沛、宋雨霜、张子学、向华、史展尤、张静、向清毅、柳国昌、符波、安元奎、贾湘平、何哲武、梁寿臣、向兴祥、黄久鑫、符译珍、贤智、大德、远

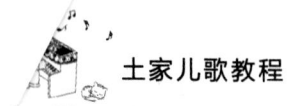

达、杨懋之、杨霁青、向香海、师明志、李斌然、丰平、刘芳霞、胡桂英。以上整理者为土家文化的传承与发展作出了巨大贡献,在此表示由衷的敬意与感谢!由于时间仓促,本书还有很多不足之处,希望各位同仁不吝指正,谢谢!

段红琼
2021.8.20